Aus- und eingebaut: Eine üppige Instrumentierung war bei den Zweirädern aus der DDR kein Standard. Meistens gab es nur einen Tacho und die wichtigsten Kontrollleuchten. Hier der schlichte Tacho einer Schwalbe.

Peter Böhlke

Typenbuch
DDR-Motorräder und Mopeds

Typenbuch

DDR-Motorräder und Mopeds

Peter Böhlke

Fahrzeuge – Daten – Technik

Impressum

Unser komplettes Programm:

www.geramond.de

Produktmanagement: Martin Distler
Schlusskorrektur: Janina Glatzeder
Satz/Layout: Peter Schneider
Repro: Cromika s.a.s., Verona
Umschlaggestaltung: Nina Andritzky
Herstellung: Thomas Fischer
Printed in Italy by Printer Trento

Alle Angaben dieses Werkes wurden vom Autor sorgfältig recherchiert und auf den aktuellen Stand gebracht sowie vom Verlag geprüft. Für die Richtigkeit der Angaben kann jedoch keine Haftung übernommen werden.
Für Hinweise und Anregungen sind wir jederzeit dankbar. Bitte richten Sie diese an:
GeraMond Verlag
Lektorat
Postfach 40 02 09
D-80702 München
E-Mail: lektorat@verlagshaus.de

Die Deutsche Nationalbibliothek – CIP-Einheitsaufnahme
Ein Titeldatensatz für diese Publikation ist bei der Deutschen Nationalbibliothek erhältlich.

© 2010 GeraMond Verlag GmbH, München
ISBN 978-3-7654-7808-6

Über den Autor

Der Redaktion AUTO CLASSIC, dem Magazin für historische Automobile, gehört Peter Böhlke seit der ersten Ausgabe an. Bei seinen Recherchen entdeckte er die Fahrzeugkultur der DDR, die ihn auf Anhieb faszinierte. Dabei entdeckte er die Wurzeln unvergessener und weltbekannter Automobil- und Motorradhersteller in Ostdeutschland.
Böhlkes Mobilität auf zwei und auf vier Rädern sichert ebenfalls robuste Osttechnik: eine MZ ETZ 250 und zwei Ladas aus russischer Produktion. In seiner Freizeit fährt der Diplom-Verwaltungswirt (FH) unter anderem auch auf Dampfloks ostdeutscher Schmalspurbahnen. Der 1958 geborene Münchner lebt und arbeitet in der Freien und Hansestadt Hamburg.

Inhalt

Schlicht, sportlich, selten – und teuer: Die ETS 250 gilt als eines der schönsten MZ-Motorräder aller Zeiten.

Inhalt

Sie laufen ewig: Die preiswerten Simson-Zweiräder gehören in Ostdeutschland nach wie vor zum Alltagsbild.

Mobilität für Gehbehinderte: Die ostdeutsche Sozial- und Versicherungsanstalt zahlte das motorisierte Dreirad.

Jugendweihe, Geld gespart, Moped gekauft!

Mit 15 fuhr Heike ein Simson-Moped, mit 16 eine ETZ 125. Mehr war für sie als Auszubildende nicht drin. Den Kaufpreis stotterte sie in 50-Mark-Raten bei ihrem Vater ab. Der hatte allerdings noch eine familieninterne Motorradprüfung im Sinn, bevor er seine Tochter aufsteigen ließ. Er baute bei der 125er das Vorderrad, das Hinterrad und den Vergaser aus: „Wenn du alles wieder zusammenkriegst, darfst du fahren …" Das schaffte die junge Dame, sie hatte mehr Motorraderfahrung als ihr Vater ahnte.

„Jugendweihe, Geld gespart, Moped gekauft!", sagt Matthias Otto: „Etwas anderes kannten wir nicht." Der 43-Jährige führt in Wernigerode eine Suzuki-Vertragswerkstatt. Sein Vater Wolfgang und dessen Bruder Helmut Otto hatten an selber Stelle eine private Simson-Vertragswerkstatt, auch für „Emmen"

(MZ). Noch heute werden in der Halberstädter Straße Zweitakt-Motorräder repariert und gewartet. Den frühen Einstieg ins Motorradleben begünstigte das ostdeutsche Führerscheinrecht. Das Führen von Mopeds war ab 15, das von Motorrädern bis 150 cm^3 (unabhängig von der PS-Leistung) ab 16 erlaubt. Davon konnten Jugendliche in anderen Ländern nur träumen. Die Frage, ob sie dafür auch das politische System getauscht hätten, gehört nicht hierher.

Nach dem Krieg wurden im Osten Deutschlands Autos zwar hergestellt, aber nur für Behörden, Leitungs- und Parteifunktionen, den Export und Reparationen. Als endlich auch der Privatmarkt mit Autos beliefert wurde, konnte man sie nicht kaufen, sondern musste sich zur Berechtigung eines Kaufs vormerken lassen. Motorräder waren preiswerter und schneller zu haben. So fuhr (fast) jeder zuerst ein Moped, Motor-

Vier Klassiker: AWO 425, IWL-Roller Berlin, MZ ES 150, MZ ES 300 (von links).

Solide EMW-Motorräder aus Eisenach: Sie entstanden aus weiterentwickelter BMW-Technik.

rad oder einen Motorroller, bevor er sich sein erstes Auto kaufte. Das war normal. Andere infizierten sich mit dem Motorrad-Virus und verzichteten aufs Auto. Wie Heike B., die in Sachsen-Anhalt aufwuchs und heute in Goslar lebt. Noch heute besucht sie regelmäßig Motorrad- und Oldtimertreffen. Für die Hammerharten war schon zu DDR-Zeiten das Wintertreffen auf der Augustusburg ins Leben gerufen worden, das bis heute jedes Jahr stattfindet und absoluten Kultstatus genießt.

Die DDR war ein Motorradland. Die Menschen hatten Benzin im Blut. Auch wenn das niemand so richtig gemerkt hat, denn für sie war das Motorradfahren so normal, dass sie darin nichts Besonderes sahen. Den Menschen im Westen war der Blick auf den ostdeutschen Alltag durch Grenze und Mauer versperrt. Die ostdeutsche Motorradwelt stellten sie sich als zweitaktenden Einheitsbrei vor. Die, die es im Westen besser wussten, haben den Mund gehalten. Aus technischen Gründen, sozusagen. Worüber wir bei einigen Motorradtypen noch sprechen werden. Hätte die DDR jedoch das Erbe angetreten, das ihr nach dem Krieg hinterlassen worden war, hätte es auch dort kräftig viertakten können, trotz der Demontage durch die Sowjetunion und des Know-how-Transfers in den Westen durch abwandernde Fach-

kräfte. Die sozialistischen Planwirtschafter haben das Ruder in die falsche Richtung gelegt: Indem sie Eisenach den Motorradbau untersagten, indem sie Suhl nur noch den Mopedbau gestatteten (dort war eines der attraktivsten DDR-Motorräder mit Viertaktmotor entstanden), indem sie den Status quo bei der Tagung „Fortschritt für den Motorradbau" zementierten.

Dieses Treffen der sozialistischen Wirtschaftsplaner mit den Fachleuten der Motorradbranche fand im Sommer 1985 in Zwickau statt. Die Motorradbauer hatten keine Chance. Die Tagung erfüllte das genaue Gegenteil dessen, was ihr Name versprochen hatte. Der zweitaktende Einzylinder und traditionelle Fahrwerkkonzepte wurden zementiert. Vier Jahre später, als die politische Wende kam, war das eine katastrophale Erblast. Neue Konzepte lagen zwar in den Schubladen, aber es fehlte die Zeit und das Geld, sie umzusetzen. Zwar hatte MZ einen Viertakt-Motor zur Serienreife entwickelt, über den Umweg eines neuen Polizeimotorrades wollten sie ihn auf dem Zivilmarkt lancieren. Doch die Wende kam diesem Plan zuvor. Der Überlebenskampf von Simson endete im Sommer 2002. Die Kultmarke MZ kämpfte 20 Jahre lang um ihr tägliches Überleben. Anfang 2009 zieht für die Zschopauer am Horizont ein Hoffnungsstreifen auf. Der Motorradvirus ist den Ostdeutschen im Blut geblieben.

9

Die BMWs aus Ostdeutschland

BMW in Eisenach war der erste Hersteller, der gleich nach dem Krieg wieder Motorräder bauen durfte. Dabei war das Werk keineswegs dafür geeignet, die Automobil- und Motorradproduktion sofort aufzunehmen. Die Gebäude waren zu 60, die Maschinen zu 35 Prozent zerstört. Eisenach wies zusammen mit Sigmar den höchsten Zerstörungsgrad aller Automobilwerke auf. Bis zum Zweiten Weltkrieg hatte BMW hier sämtliche Pkws fertigen lassen. Während des Krieges verlagerten die Bayern auch die Motorradproduktion in den Thüringer Wald.

Am 3. Juli 1945 besetzten sowjetische Truppen das Land, nach den Beschlüssen der Siegermächte hätte das Eisenacher Werk demontiert und über den Ural gebracht werden sollen. Eine Delegation aus Eisenach begab sich zur sowjetischen Militärverwaltung. Die Eisenacher wollten den sowjetischen Militärchef der Ostzone, Marschall Schukow, vom Fortbestand des Eisenacher Werks überzeugen. Sie brachten einen BMW 321 und eine BMW R 35 mit. Die Eisenacher reisten mit der Vereinbarung ab, als Beweis ihrer Leistungsfähigkeit der Sowjetischen Militäradministration in Berlin innerhalb von sechs Tagen fünf neue BMW 321 und R 35 zu übergeben. Den Eisenachern gelang es, die Vereinbarung pünktlich zu erfüllen.

Die Folge: Das Fahrzeugwerk wurde auf Befehl der Sowjetischen Militäradministration von der Demontage zurückgestellt. Mit dem inzwischen berühmten Befehl Nr. 93 erlaubte die Besatzungsmacht dem BMW-Werk in Eisenach, Motorräder und Pkws zu bauen. Andernorts war an Vergleichbares nicht einmal zu denken.

Viertakt-Boxer aus Ostdeutschland: Vom Vorkriegs- und Kriegsmodell BMW R 12 bauten die Eisenacher nach Kriegsende 102 Motorräder zusammen, ausschließlich aus Ersatzteilen und exklusiv für die Sowjetunion.

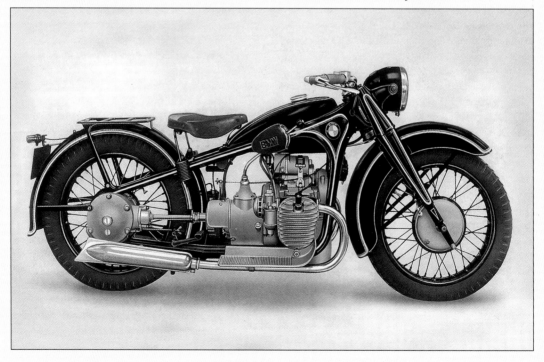

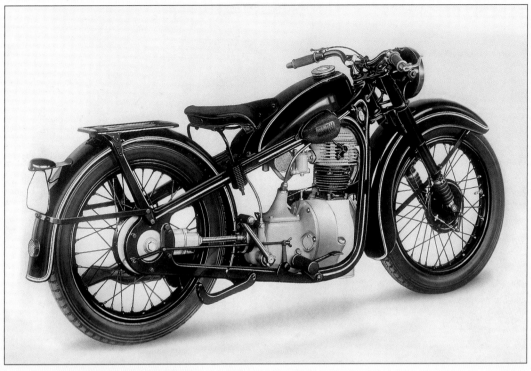

BMW aus der DDR: Bis zum Rechtsstreit um den Markennamen stellt das Werk in Eisenach zwischen 1945 und 1951 26.000 Motorräder des Typs BMW R 35 her.

Wahrscheinlich war es der Nimbus der Marke BMW, der Eisenach diese Vorzugsbehandlung bescherte. Dass die BMWs vorrangig den Besatzern geliefert werden würden, war klar. Neben dem Pkw BMW 321 und der R 35 setzten die Eisenacher aus Ersatzteilen 102 Motorräder des Typs R 12 und 232 des Typs R 75 zusammen.

Am 25. Januar 1946 wurde das Eisenacher Werk der sowjetischen Besatzungsmacht unterstellt und im August 1946 in den sowjetischen Awtowelo-Verband eingegliedert. Damit war die Demontage des BMW-Werks endgültig vom Tisch. Die sowjetische Aktiengesellschaft (SAG) Awtowelo war ein Staatsbetrieb, der von Moskau aus gelenkt wurde. Es waren die ostdeutschen Sahnestücke, die die Sowjets in ihre staatliche Aktiengesellschaft Awtowelo eingliederten. Vorteile hatte die Besitzübernahme für das Werk selbst und die dort arbeitenden Menschen. Der SAG-Verbund beseitigte Zubehör- und Materialengpässe. Zu den Vorzügen, Mitarbeiter bei Awtowelo zu sein, zählte der privilegierte

Bezug von Lebensmitteln. Bereits 1946 lieferte Eisenach 1.300 BMW R 35 an die sowjetischen Behörden. Für ostdeutsche Privatpersonen war die R 35 ein Tabu. Sie durften die BMW erst ab 1949 kaufen.

Am 30. April 1952 übergab die Sowjetunion das Eisenacher BMW-Werk der DDR. Der Betrieb hieß jetzt „VEB IFA – Automobilfabrik EMW Eisenach". Produziert wurden weiterhin BMWs. In jene Zeit fällt der Rechtsstreit um die Namensrechte. BMW aus München klagte gegen BMW aus Eisenach, den Namen BMW zukünftig nicht mehr zu verwenden. Die Klage war an den westdeutschen Importeur der ostdeutschen BMW adressiert, verhandelt wurde deshalb in Düsseldorf. Das Gericht entschied, dass gegen die Produktion von BMWs und deren Vertrieb in der DDR keine Einwände bestünden, deren Vertrieb in Westdeutschland und im Ausland allerdings fortan verboten sei. Die Eisenacher Automobilwerke reagierten, indem sie BMW durch EMW (Eisenacher Motorenwerke) ersetzten.

11

Unter sowjetischer Regie waren in Eisenach prestige- und exportträchtige Fahrzeuge mit Viertakt-Motoren gebaut worden. Doch die ostdeutschen Lenkungsgremien hatten andere Pläne mit Eisenach. Im April 1956 endete die Motorradfertigung im Thüringer Wald. Nicht etwa, weil die R 35 – inzwischen wurde sie unter der Herstellerbezeichnung EMW vertrieben – ausgereizt gewesen wäre. Sondern weil Eisenach als Standort der Wartburg-Produktion ausersehen war. Eine Chance, hochwertige Motorräder mit Viertakt-Motoren zu bauen, war damit vertan.

1896 Gründung der Fahrzeugfabrik Eisenach AG
1899 Erste Eisenacher „Wartburg-Motorwagen"-Produktion
1914 Kriegsproduktion für den 1. Weltkrieg
1929 BMW kauft die Dixi Fahrzeugfabrik Eisenach
1931 Erster BMW aus Eisenach ausgeliefert
1941 Umstellung auf Kriegsproduktion
1942 Verlagerung der Motorrad-Produktion nach
        Eisenach
Oktober 1945 Produktionsgenehmigung für
        Pkws und Motorräder durch die sowjetische
        Besatzungsmacht
November 1945 Produktion des BMW 321 und der
        BMW R 35 beginnt
1952 Rechtsstreit um Werknamen, Umbenennung
        in EMW
April 1956 Ende der Motorradproduktion
1991 Liquidation des VEB AWE

Nach dem Rechtsstreit um den Markennamen brachten die Eisenacher ihre Motorräder unter der Bezeichnung EMW heraus. Der Werksname betonte zudem die Eigenständigkeit des Eisenacher Werks.

Fahrzeugtreffen: Hinten der Trabi mit Siegfried Hertrampf, auf der BMW R 35 Sohn Andreas.

AUF EINEN BLICK	
Motor	Einzylinder-Viertakt, fahrtwindgekühlt
Hubraum	342 cm³
Leistung	14 PS bei 5.200 U/min
Rahmen	Doppelschleifen-Pressstahlrahmen
Federung	vorn Teleskopgabel, hinten keine
Bremsen	vorn und hinten Halbnabenbremsen, 160 mm
Endantrieb	Kardanwelle
Getriebe	4-Gang
Reifen	vorn und hinten 3.50-19
Tankinhalt	12 l
Höchstgeschwindigkeit	105 km/h
Stückzahl	26.000
Preis	2.235 Mark

Der Nimbus der Motorrad- und Automobilmarke rettete das Eisenacher BMW-Werk. Denn nach dem Krieg wäre es als Rüstungsbetrieb der Demontage anheim gefallen. In einer abenteuerlichen Aktion konnte eine Werkdelegation die Sowjets überzeugen, das Werk weiterarbeiten zu lassen: Die Eisenacher übergaben den Russen eiligst zusammengebaute Autos und Motorräder der Marke BMW – und versprachen, weitere zu bauen. Während des Krieges hatte BMW auch die Motorradproduktion nach Eisenach verlegt. So fertigten die Eisenacher für die Besatzungsmacht 343 R 12 und R 75, bevor die Produktion der R 35 in fünfstelliger Anzahl erfolgte. Natürlich bekamen fast alle Mottorräder die Sowjets, erst ab 1949 durfte das Werk ausnahmsweise auch ostdeutsche (Behörden-) Kunden beliefern. Gefedert waren nur das Vorderrad und der Sitz, das Hinterrad blieb ungefedert im Doppelschleifenrahmen gelagert. Der Einzylinder saß etwas nach rechts versetzt, direkt darunter befanden sich Kurbel und Kardanwelle. Das Vierganggetriebe schaltete der Fahrer mit einem Handhebel, der in einer Schaltkulisse auf der rechten Tankseite geführt wurde. Andreas Hertrampf aus Berthelsdorf über seine R 35: „Mit 70 km/h fährt sie sich auf der Landstraße am angenehmsten." Das Schalten bedürfe allerdings einer gewissen Planung und vorausschauender Fahrweise. ∎

Rarität: R 35/2 mit Handschaltung, später wurde auch die 35/2 mit Fußschaltung geliefert.

Die Sowjets hatten schnell begriffen, dass sich mit dem Export der Marke BMW Geld verdienen ließ. So kam es, dass BMW (Bayern) gegen BMW (Thüringen) klagte, gegen das ehedem eigene Filialwerk. Indirekt, denn vor der ostdeutschen Justiz wären die Chancen des westdeutschen Klägers sicher begrenzt gewesen. Deshalb klagten die Bayern gegen den westdeutschen Importeur, das Markenzeichen nicht länger zu vertreiben. Der Düsseldorfer Vergleich untersagte genau dies, gestattete aber, das Markenzeichen in Ostdeutschland weiter zu verwenden. Daran hatte der Awtowelo-Betrieb inzwischen kein Interesse mehr, er setzte die Produktion unter dem eigenständigen Markennamen „Eisenacher Motorenwerke" (EMW) fort. Fast gleichzeitig mit dem Prozessausgang erfolgte die Übergabe des Werks in ostdeutsche Verwaltung. Mit verbesserter Elektrik, komfortableren Sitzen und einer hydraulisch gedämpften Teleskopgabel kam die ehemalige BMW nun unter der Typenbezeichnung R 35/2 heraus. Der Auspuff hatte die Form einer Zigarre. Das Hinterrad blieb ungefedert. Anfangs wurde weiter per Hand geschaltet. Erst im Verlauf der Produktion bekam die EMW R 35/2 eine Fußschaltung. Für die handgeschalteten EMWs, auch für die BMW R 35, gab es später Umrüstsätze, mit denen die Motorräder auf Fußschaltung umgebaut werden konnten. ■

AUF EINEN BLICK	
Motor	Einzylinder-Viertakt, fahrtwindgekühlt
Hubraum	342 cm³
Leistung	14 PS bei 5.200 U/min
Rahmen	Doppelschleifen-Pressstahlrahmen
Federung	vorn hydraulisch gedämpfte Teleskopgabel, hinten keine
Bremsen	vorn und hinten Halbnabenbremsen, 160 mm
Endantrieb	Kardanwelle
Getriebe	4-Gang
Reifen	vorn und hinten 3.50-19
Tankinhalt	12 l
Höchstgeschwindigkeit	105 km/h
Stückzahl	8.000
Preis	2.290 Mark

Fortschrittlich: Die EMW R 35/3 hatte am Hinterrad eine Geradwegfederung.

AUF EINEN BLICK	
Motor	Einzylinder-Viertakt, fahrtwindgekühlt
Hubraum	342 cm³
Leistung	14 PS bei 5.200 U/min
Rahmen	Doppelschleifen-Pressstahlrahmen
Federung	vorn hydraulisch gedämpfte Teleskopgabel, hinten Geradwegfederung
Bremsen	vorn und hinten Halbnabenbremsen, 160 mm
Endantrieb	Kardanwelle
Getriebe	4-Gang
Reifen	vorn und hinten 3.50-19
Tankinhalt	12 l
Höchstgeschwindigkeit	105 km/h
Stückzahl	8.000
Preis	2.480 Mark

Die auffälligste und attraktivste Neuerung war die Geradwegfederung des Hinterrades. Im Verlauf der Produktion ersetzte der BVF-3-Düsen-Vergaser den SUM-3-Düsen, die Zylinderkopfschutzrohre wurden auf zwei reduziert und eine kleine Veränderung erfolgte noch am vorderen Kotflügel. Ein sichtbares Unterscheidungsmerkmal zur EMW R 35/2 war der Auspuff in der Form eines Schwalbenschwanzes. Die viertaktende Einzylindertechnik entsprach bis zum Produktionsende jener der BMW R 35. Sämtliche Modelle wurden mit schwarzer Lackierung und weißen Linien ausgeliefert. Bevorzugte Abnehmer waren die ostdeutschen Behörden, auch in den Devisen bringenden Export gingen Motorräder. Nur vereinzelt gelang es Privat-

personen, EMW-Motorräder zu erwerben. Wer in alten Dokumenten blättert, stellt fest, dass die Privatkunden meistens Handwerkmeister waren. Sie hatten am ehesten die Chance, den Kaufpreis aufzubringen. Im April 1956 endete in Eisenach die Motorradproduktion. Die ostdeutschen Wirtschaftsplaner nahmen zu jener Zeit eine neue, in der Zukunft nicht nur Gutes bringende Justierung des Standorts vor. Eisenach war dazu ausersehen, zukünftig zweitaktende Autos zu bauen. Als letzter Hersteller, der damals in Ostdeutschland ein Viertakt-Motorrad fertigte, blieb Simson in Suhl. ■

Das letzte Motorrad aus Eisenach: Nach dem Auslaufen der R 35/3 stellte das Werk ausschließlich Pkws her.

Totgesagte leben länger

ch hätte mir auch zugetraut, die Trabant-Werke zu sanieren!" Diesen Satz sagte Petr-Karel Korous zur Wochenzeitung *Die Zeit*. Nachzulesen in der Ausgabe vom 14. Januar 1994. Der geschäftsführende Gesellschafter bei MZ sorgte für Schlagzeilen, nicht immer nur zum Wohle des Zschopauer Motorradwerks. Zwölf Jahre lang galt der gebürtige Tscheche als Hoffnungsträger. Im November 2008 ist auch er Geschichte. Bei MZ herrscht Endzeitstimmung. Die Pförtnerloge ist leer, die Schranke steht offen, kein Mensch ist zu sehen. Hinter der Glasfront des ehemaligen Engineering-Gebäudes stehen Motorräder. Das Gebäude ist abgeschlossen. MZ Engineering gibt es nicht mehr. Es war das „Filetstück" von MZ, wie Andre Hunger, der ehemalige Betriebsratsvorsitzende

Vorderradschwinge der MZ ES 150/1

und Personalchef, erzählt. Die Engineering-Mitarbeiter erhielten am 15. Dezember 2006 die Kündigung. Ende August 2008 ist die Motorradproduktion eingestellt worden. Zum Jahresende werden die malaysischen Besitzer das Werk schließen. Oder verkaufen, wenn sich ein Käufer findet.

1907 hatte der Däne Jörgen Skafte Rasmussen im Erzgebirge eine stillgelegte Tuchfabrik erworben. 1922 präsentierten seine Zschopauer Motorenwerke das erste Motorrad. Mit dem Einstieg Rasmussens in die Pkw-Produktion war der Name DKW geboren. Er übernahm Audi und ließ dort seine Motoren einbauen. Rasmussen sicherte sich exklusiv das Recht, bei seinen Zweitaktmotorrädern die Kraftstoff sparende Umkehrspülung mit Flachkolben einzubauen. Die Technik wurde nach dem Krieg in alle Zweitaktmotoren aus ostdeutscher Produktion übernommen.

Wegen der expansiven Geschäftspolitik war die Finanzlage des Konzerns angespannt, ausgerechnet in der Wirtschaftskrise Ende der 20er-Jahre. Die sächsische Regierung und die Banken retteten DKW, Audi, Horch und Wanderer. Sie mussten sich zu einem Konzern zusammenschließen. Der Name: Auto Union. Das Markenzeichen: Vier Ringe. Heute das weltweit bekannte Markenzeichen des Ingolstädter Audi-Konzerns.

Das Zschopauer Motorradwerk hatte den zweiten Weltkrieg ohne Schäden überstanden. Die russische Besatzungsmacht demontierte sämtliche Maschinen und ließ sie als Reparation in die Sowjetunion abtransportieren. Eine Sprengung der Werkgebäude konnte gerade noch verhindert werden. Als die Fertigung der RT 125 anlief, verursachten Währungsunion und Embargo-Maßnahmen Schwierigkeiten bei der Materialbeschaffung. Nahezu alle Zulieferer waren im Westen. Sie konnten, durften oder wollten nicht liefern. Doch den Zschopauern gelang es, aus der Not eine Tugend zu machen. Die BK 350 wird als Zweitakt-Boxer zu einem der legendärsten Motorräder Ostdeutschlands. Nachdem ihre Produktion ausgelaufen war, blieb es über Jahrzehnte bei den Einzylinder-Zweitaktmotoren. Diese waren durchaus attraktiv und

MZ gehörte zum Kombinat für Zweiradtechnik in Suhl.

– und wie es vielleicht mal wieder werden könnte. Der Betriebsrat gewann den Ministerpräsidenten für die Idee, das Schließen des Werkes um ein halbes Jahr hinauszuschieben, damit die Belegschaft beweisen könne, dass es MZ auch in der Marktwirtschaft schafft. Kurz vor Fristablauf akzeptierte die THA ein Betriebskonzept. Am 1. Juli 1992 musste die neue Motorrad- und Zweiradwerk GmbH (MuZ) gegründet werden. Korous-Vorgänger Wolfgang Sauerbrey hatte die MZ-Namensrechte in die Türkei veräußert.

Korous holte 1995 die malaysische Hong Leong Industries Berhad ins Boot. Die Verhandlungen zogen sich hin, bis MZ das Geld ausging und das Werk die ostdeutsche Variante des Konkursverfahrens beantragen musste. Danach gelang plötzlich der Vertragsabschluss mit Hong Leong. Die nächsten Jahre ließen sich Erfolg versprechend an, aber sie brachten keinen Gewinn. Neue Modelle kamen auf den Markt, aber die Verkaufszahlen blieben hinter den Erwartungen zurück. Dann begann das Organisationsdrama um die MZ 1000. Mit ihr hatte Korous den Einstieg in den GP-Sport geplant. Woraus dann aber nichts wurde. Korous geht. 2005 verlegte Hong Leong die Produktion der 125er nach Malaysia. Das Jahr 2006 endete mit Entlassungen und dem Aus der 125er-Produktion.

1989 arbeiteten 3.200 Mitarbeiter bei MZ, im Oktober 2008 waren es noch 34, zum Jahresende 2008 sind es noch zehn. Im März 2009 machen Schlagzeilen die Runde: „Kult-Motorradhersteller MZ ist gerettet" (Welt Kompakt, 25. März 2009). Die ehemaligen Motorradrennfahrer Ralf Waldmann, Martin Wimmer und dessen Ehefrau Dr. Martina Häger haben MZ gekauft. Sie gründen die neue Firma Motorenwerke Zschopau. Wie die Fachzeitschrift Motorradfahrer in der Ausgabe 8/2009 berichtet, soll die Produktion mit 125er-Modellen wieder angefahren werden, noch im Herbst 2009. An Motoren mit 250 cm³ werde gearbeitet. Es wird sich zeigen, ob die „Motorenwerke Zschopau" eine Zukunft haben.

wurden auch im Ausland verkauft. Vor allem in Großbritannien entstand eine eingefleischte MZ-Gemeinde. In Westdeutschland prägte Neckermann das Image der MZ-Motorräder. Als dann der Motorradprofi Hein Gericke den Import übernahm, hatten die MZ-Bikes ihren Ruf als Billigmotorräder weg.

Die Wende erwischte MZ eiskalt. Der Binnenmarkt für Zweitakter brach zusammen. Die Zschopauer hätten schon Viertakter und Motorräder mit mehreren Zylindern bauen wollen, aber sie hatten es nie mehr gedurft. Neue Konzepte lagen zwar in den Schubladen, auf dem Prüfstand lief ein Viertaktmotor. Aber es fehlte die Zeit zur Serienreife. Die Treuhandanstalt beschloss am 18. Dezember 1991 die Liquidierung des Werkes.

Wenn es danach jemals eine Sternstunde für das Werk gegeben hat, dann ist es die Betriebsversammlung drei Tage später gewesen. Ohne Andre Hunger und Kurt Biedenkopf wäre nichts, so wie es heute ist

1907	Rasmussen kauft ehemalige Tuchfabrik zur Produktion von Dampfmaschinenarmaturen
1922	Präsentation des ersten DKW-Motorrades
1925	Fließbandarbeit bei DKW
1927	DKW-Rennabteilung gegründet
1928	DKW-Serienautos mit Zweitaktmotor auf dem Markt

1930 Finanzielle Engpässe durch Firmenzukäufe und Weltwirtschaftskrise

1932 Gründung der Auto Union

1934 Rasmussen verlässt wegen Meinungsverschiedenheiten seinen Vorstandsposten

1935 DKW liefert Motorräder auf Wunsch mit E-Starter

1938 NZ-Baureihe kommt auf den Markt

1939 RT 125 wird vorgestellt

1941 RT 125 wird zugunsten der Rüstungsproduktion eingestellt

1942 RT 125 wird wieder produziert, für die Wehrmacht

1945 Besatzungsmacht löst die Auto Union auf, Inventar ist Reparationsleistung

1947 Im ehemaligen DKW-Werk Produktion technischer Gebrauchsgüter für den Alltag

1948 Gründung der IFA (Industrievereinigung Fahrzeugbau)

1949 Freigabe des Zschopauer Werks für die Motorradproduktion

1951 IFA DKW wird den Typenbezeichnungen vorangestellt

1954 Patentierter Kettenschutz

1956 Neuer Name ist MZ (Motorradwerk Zschopau)

1963 500.000stes MZ-Motorrad

1968 MZ-Vertrieb in der BRD durch Neckermann

1969 Telegabel aus eigener Produktion

1970 Gründung des IFA-Kombinats für Zweiradfahrzeuge (MZ, Simson und Mifa), Kombinatssitz ist Suhl

1972 Letzte Verstaatlichungswelle, der private Beiwagenhersteller Stoye wird MZ zugeschlagen

1975 Produktionsrekord mit 92.000 Motorrädern, etwa die Hälfte wird exportiert

1978 Zum 25. Mal wird eine Geländefahrt rund um Zschopau ausgerichtet

1979 MZ beschließt Produktionsverlagerung nach Hohndorf

1981 Export-ETZ mit Getrenntschmierung durch Mikuni-Öldosierpumpe

1983 Das zweimillionste MZ-Motorrad

1987 Tagesproduktion 300 MZ-Motorräder

1989 Probelauf des bei MZ entwickelten Viertaktmotors

1990 MZ wird eine GmbH. Einziger Gesellschafter: Die Treuhand

1991 Treuhand droht, MZ zu liquidieren

1992 Treuhand akzeptiert neues Betriebskonzept

1994 Ende der Motorradproduktion im alten Werk (Dischautal)

1995 Vorvertrag mit Hong Leong (Malaysia)

1996 Produktion der Kanuni-MZ ETZ 251 in der Türkei, MuZ beantragt Konkursverfahren, Hong Leong übernimmt MuZ

Die MZ 1000 auf dem Dach des Werksgebäudes.

Ende 2008: Verwaistes Werksgelände in Hohndorf.

Eingraviert: Die Motorsport-Erfolge im MZ-Tankdeckel

1997 Konkurrent MZ-B montiert im alten MZ-Werk eine 125er

1998 Probelauf eines 125er-Viertakters, MZ-B stellt Produktion ein

1999 MuZ ist wieder „MZ"

2003 MZ Engineering entwickelt Roller für Fernost

2004 Lieferung von 500 MZ 125 SX an die französische Armee

2006 Geschäftsführer Yap über Geschäftsführer Dr. Baumgartner: „(Er) schaut zuerst aufs Produkt. Wir müssen gute Manager sein!"

2008 Motorradproduktion wird eingestellt

2009 Ralf Waldmann, Martin Wimmer und dessen Ehefrau Dr. Martina Häger kaufen MZ und gründen die Motorenwerke Zschopau

Das alte MZ Werk im Dischautal:
Nur noch das Transparent erinnert an frühere Zeiten.
Die Gebäude sollen alternativen Zwecken
zugeführt werden.

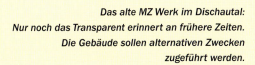

IFA DKW RT 125
„Ur"-MZ mit Vorkriegs-Nimbus

Das erste Nachkriegsmodell aus Zschopau: Die IFA DKW RT 125 ist selten und begehrt.

AUF EINEN BLICK	
Motor	Einzylinder-Zweitakt mit Umkehrspülung, luftgekühlt
Hubraum	123 cm³
Leistung	4,75 PS bei 5.000 U/min
Rahmen	geschlossener Einrohrrahmen
Federung	vorn Telegabel, hinten Geradweg
Bremsen	vorn und hinten Trommel, 125 mm
Endantrieb	Rollenkette
Getriebe	3-Gang
Reifen	vorn und hinten 2.50-19
Tankinhalt	8 l
Höchstgeschwindigkeit	75 km/h
Stückzahl	30.199
Preis	1.680 Mark

Die RT 125 ist die Ur-MZ. DKW hatte 1939 das Motorrad vorgestellt. Dessen Vorgängermodell, die RT 100, war mit über 70.000 Exemplaren das meistverkaufte DKW-Motorrad gewesen. Nach dem Krieg versuchten die Motorradwerke in Zschopau, an diese Tradition anzuknüpfen. Sie beließen es sogar bei der Bezeichnung DKW. In der DDR entsprach das zwar nicht der „political correctness", aber die Exporterfolge gaben den Zschopauern Recht. Die IFA DKW RT 125 war eine Weiterentwicklung der Vorkriegs-DKW RT. Einfach, zuverlässig, wartungsarm und sparsam. Dabei standen die Ostdeutschen in direkter Konkurrenz mit den Westdeutschen, denn in Ingolstadt wurde die DKW RT 125 gefertigt. Aller-

dings hob sich die sächsische RT mit ihrer modernen Teleskopfederung deutlich von der Mitbewerberin aus dem Westen ab. Hinten hatte die IFA DKW eine ungedämpfte Geradweg-Federung. Die erste Version kam noch mit einer ungeschützten Rollenkette aus. Anfangs blieb die Produktion wegen ausbleibender Materiallieferungen hinter den Planvorgaben zurück. Die Vorkriegs-RT 125 war das meistkopierte Motorrad, nachdem – als Kriegsfolge – das Patent ungeschützt war. Kopien entstanden in den USA (Harley Davidson Hummer), in der Sowjetunion (Ish), in Großbritannien (BSA Bantam), Polen und in Japan. Zschopau baute insgesamt vier RT-Versionen bis zum Ende der Produktionszeit. ∎

Gute Tugenden: Die RT 125 ist nicht umsonst eines der beliebtesten Oldtimer-Motorräder.

„Sie war mit die Liebste", sagt Johanna Gierth über die RT 125. Vor allem die späteren RT-Modelle hätten die guten alten und die guten neuen Eigenschaften vereint. Bei keiner anderen Baureihe habe es so wenige Garantiefälle gegeben. Ihr 1986 verstorbener Ehemann besaß im sächsischen Polenz eine private MZ- und IWL-Vertragswerkstatt. Die rüstige 80-Jährige kennt noch heute jede Schraube jener Motorräder und Roller. Die Zschopauer verbesserten die RT 125 bis zum Ende ihrer Produktion. Schon bei der RT 125/1 waren die Endantriebskette und das Hinterradritzel vollständig gekapselt. Der Kettenschutz verhinderte Schmiermittelverlust und die Aufnahme von Umweltschmutz. Flexibilität beim Nachspannen der Kette gewährten Faltenbälge in den Gummischläuchen. Der Kettenschutz war auf den MZ-Ingenieur Walter Heydenreich patentiert. Der Hauptrahmen war gemufft und gelötet. In die Auslieferungszeit der Strich Zwei mit verchromten Details und verbesserter Geräuschdämpfung fiel die Umbenennung des IFA/DKW-Werks in Motorradwerk Zschopau (MZ). Die letzte RT-Version bekam ein 4-Gang-Getriebe, optional eine durchgezogene Sitzbank. Kontinuierlich steigerten die Zschopauer die Motorleistung. Auch als neue MZ-Modelle auf dem Markt waren, blieb die RT ein gefragtes Motorrad. Für das Ausland wurde sogar noch eine Kleinserie des Typs RT 125/4 aufgelegt. Die DDR exportierte die RT nach Holland, Belgien, Norwegen, Schweden, Dänemark und in die Schweiz. ■

AUF EINEN BLICK	
Motor	Einzylinder-Zweitakt mit Umkehrspülung, luftgekühlt
Hubraum	123 cm³
Leistung	6,5 PS bei 5.200 U/min
Rahmen	geschlossener Einrohrrahmen
Federung	vorn Telegabel, hinten Geradweg
Bremsen	vorn und hinten Vollnabe 150 mm
Endantrieb	gekapselte Rollenkette
Getriebe	4-Gang
Reifen	vorn 2.75-19, hinten 3.00-19
Tankinhalt	11 l
Höchstgeschwindigkeit	85 km/h
Stückzahl	231.607 (RT 125/1 bis RT 125/3)
Preis	1.875 Mark

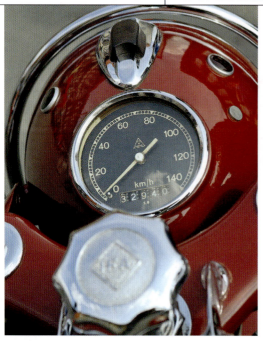

Schlichte Schönheit: Chrom veredelt das Aussehen der BK 350.

Zuverlässiger Zweitakt-Boxer: Aber die Synchronisierung der Zylinder muss stimmen.

Die Besonderheit der BK 350: Der luftgekühlte Boxermotor war als Zweitakter ausgebildet.

Namenswechsel: Die Ausliefe-rung erfolgte als IFA DKW BK 350, IFA BK 350 und als MZ BK 350.

Das „B" steht für Boxer, das „K" für Kardanwelle, die „350" für den Hubraum. Unbestätigten Meldungen zufolge hatten sich die Zschopauer für 350 cm³ Hubraum entschieden, weil sie die AWO 425 des Suhler SAG-Betriebs überbieten wollten. 1951 war das erste Vorserienmodell fertig. Aber erst 1953 ging die BK in Serie. So lange hatte die Lieferung der Produktionseinrichtungen gedauert. Die BK 350 ist eines der legendärsten ostdeutschen Motorräder. Sie war das einzige DDR-Motorrad mit einem Zweizylinder-Motor. Die Besonderheit: Der luftgekühlte Boxermotor war als Zweitakter ausgebildet. Der niedrige Schwerpunkt gewährleistet im Solo-Betrieb ein ausgezeichnetes Handling. Eine hydraulisch ge-dämpfte Telegabel fängt die Stöße am Vorderrad ab, während hinten die damals zeitgemäße Geradweg-Federung reichte. Der Motorrad-erfahrene BK 350-Besitzer Gerd Ludwig aus Elbingerode emp-fiehlt, auf die Synchronisierung von Vergaser und Zündung der beiden Zylinder zu achten. Im Sei-tenwagenbetrieb gilt ein Kraft-stoffverbrauch von 7 Litern auf 100 km als sparsam. Die Kardan-welle erhielt das Motorrad, weil Endantriebsketten ein Engpaspro-dukt waren, das damals noch aus dem Westen eingeführt werden musste. Der Boxer wurde unter 3 Bezeichnungen ausgeliefert: als IFA DKW BK 350, IFA BK 350 und – mit gesteigerter Leistung und erhöhter Geräuschdämpfung – als MZ BK 350. ■

AUF EINEN BLICK	
Motor	Zweizylinder-Zweitakt-Boxermotor mit Umkehrspülung, luftgekühlt
Hubraum	343 cm³
Leistung	17 PS bei 5.000 U/min
Rahmen	geschlossener Doppelrohrrahmen
Federung	vorn Telegabel, hinten Geradweg
Bremsen	vorn und hinten Magnesiumvollnabe, 200 mm
Endantrieb	Kardanwelle
Getriebe	4-Gang
Reifen	vorn und hinten 3.25-19
Tankinhalt	18 l
Höchstgeschwindigkeit	115 km/h
Stückzahl	42.983
Preis	3.460 Mark

1956-62

MZ ES 250
Konkurrenz für die Viertakter

MZ ES 250 im Originalzustand: Serienmäßig gab es bei diesem Modell zwei Packtaschen.

AUF EINEN BLICK	
Motor	Einzylinder-Zweitakter, luftgekühlt
Hubraum	250 cm³
Leistung	12,5 PS bei 5.000 U/min, ab 1957: 14,5 PS bei 5.300 U/min
Rahmen	geschlossener Einrohrrahmen
Federung	vorn Langschwinge, hinten Schwinge
Bremsen	vorn und hinten Vollnabe, 160 mm
Endantrieb	gekapselte Rollenkette
Getriebe	4-Gang
Reifen	vorn und hinten 3.25-16
Tankinhalt	16 l
Höchstgeschwindigkeit	110 km/h, ab 1957: 115 km/h
Stückzahl	150.326
Preis	3.010 Mark

Bereits zwei Typen, die RT 125 und die BK 350, liefen in Zschopau vom Band, als das Werk im Februar 1956 die ES 250 vorstellte. Mit dem Zweitakter zeigten die Zschopauer, was sie drauf hatten. Denn in Suhl und Eisenach wurden immer noch Viertakter gebaut, auch wenn das in Eisenach bald vorbei sein sollte. In der Typenbezeichnung stand „E" für Einzylinder, „S" für Schwinge. Die Serienproduktion lief im Juni an. Trotz Rohstoffmangels war die ES 250 mit viel Blech ausgestattet. Kein anderes Motorrad hatte serienmäßig so viel Platz für das Reisegepäck, in den Taschen am Hinterradschutzblech, hinter den Seitenverkleidungen und unter den Sitzen. Das Vollschwingenfahr-

werk federte hervorragend. Die Motorleistung orientierte sich an der damaligen Kraftstoffqualität in der DDR. Der Doppelport-Auspuff verhinderte thermische Probleme. Als MZ dann die Thermik in den Griff bekam, genügte ein Einport. Als das Werk auch noch die Steuerzeiten änderte, leistete die ES 250 2 PS mehr! Ab 1959 verwendete das Werk die leichteren Rahmenaufbauten der ES 175. Im Frühjahr 1956 wurde das Motorradwerk in „MZ" umbenannt. Probefahrten entfielen, für das Werk waren Einlaufprüfstände beschafft worden. Unter Oldtimerfreunden sind die Doppelports besonders begehrt. Die Krönung sind rote Doppelports, nur 600 Motorräder dieser Ausführung verließen das Werk.

Kettenschutz: Die gekapselten Endantriebsketten hielten ewig. Teilweise bis heute.

Stauraum: Unter den Sitzen und hinter den Seitendeckeln. Packtaschen gab's auch im Zubehör.

Vernunftmotorrad: Im Vergleich zur ES 250 war die ES 175 die vernünftigere Alternative.

AUF EINEN BLICK	
Motor	Einzylinder-Zweitakt, luftgekühlt
Hubraum	172 cm^3
Leistung	10 PS bei 5.000 U/min
Rahmen	geschlossener Einrohrrahmen
Federung	vorn Längsschwinge, hinten Schwinge
Bremsen	vorn und hinten Vollnabe, 160 mm
Endantrieb	gekapselte Rollenkette
Getriebe	4-Gang
Reifen	vorn und hinten 3.25 - 16
Tankinhalt	16 l
Höchstgeschwindigkeit	95 km/h
Stückzahl	43.222
Preis	2.475 Mark

Im Dezember des Jahres 1956 stellte MZ die ES 175 vor. In den Vertrieb kam sie im Jahr darauf. Bei ihrer Entwicklung hatten die Zschopauer Rücksicht auf die chronisch knappe Rohstofflage genommen und ein bisschen gespart. Die zukünftigen Besitzer mussten auf die Packtaschen verzichten, wie sie die ES 250-0 besaß. Auch die Abmessungen der Verkleidungen fielen etwas knapper aus. Sonst war das Motorrad mit der ES 250 weitgehend identisch. Der Motor hatte einen anderen Zylinder und Zylinderkopf erhalten, die Kurbelwelle war dem verlängerten Kolbenhub angepasst und der Vergaser gegen einen BVF N 261/0

(ES 175) bzw. BVF NP 22-7 (ES 175/1) ausgetauscht worden. Die ES 175 hatte von vornherein nur eine Einport-Auspuffanlage. Ausgehend von dieser Entwicklung konnten die Techniker auch den Doppelport der ES 250 auf einen Einport reduzieren. Im selben Jahr, in dem die ES 175 ausgeliefert wurde, kam auch die ES 250 mit Einport heraus.

Wer sich mit der Höchstgeschwindigkeit von 95 km/h abfinden konnte, für den war die ES 175 die wirtschaftlichere Alternative zur ES 250. Durch das reduzierte Gewicht fiel die geringere Motorleistung auf den ostdeutschen Straßen nicht auf. ■

Komfort: Die vordere Federung bestand aus einer Längsschwinge, die hintere aus einer Schwinge.

Einfach zu sortieren: Oben die Nummer des Motortyps, unten die Motornummer.

ES 150: Links original, rechts repariert (ohne Zierrat, „Tüten"-Auspuff und verkleidetem Vergaser).

Verkleideter Vergaser: Deshalb war für verstopfte Leitungen der Schraubenzieher dabei.

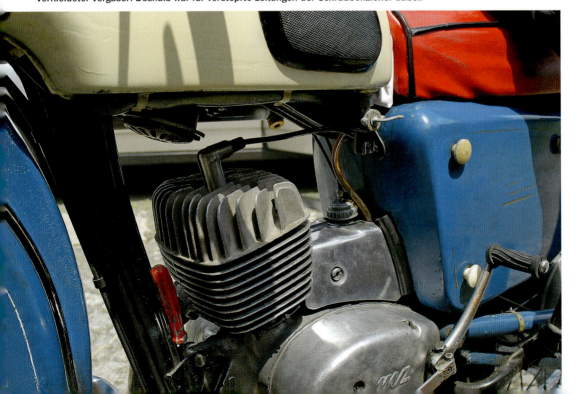

Verboten: Die Fahrt zur Kaserne mit dem Motorrad. Auch zu Hause bestand Uniformpflicht.

Die ES 150 wurde zum Kult. Es war nicht nur die solide Technik, es war eine auch im Sozialismus mögliche, marktstrategisch richtige Entscheidung der Zschopauer gewesen: Die 150er ging an die Grenze des ostdeutschen Führerscheinrechts. 16-Jährige mit Motorradführerschein durften 150er fahren. Die ES 150 war schlagartig begehrt. 10 PS brachten die erste 150er-Generation auf 95 km/h. Für die frühen 60er ein flottes Tempo bei moderaten Drehzahlen. Die ES 150 ist nach dem Baukastensystem weitgehend identisch mit der ES 125. Sie unterschieden sich nur durch Kolben, Kolbenbolzen, Zylinder, Zylinderkopf, Vergaser, Ansaugkrümmer und Sekundärübersetzung. Im Motorenbau für IWL hatte die Ursache gelegen, warum ein 150er-Motor entwickelt worden war: Im schweren Roller Berlin wäre der 125er-Motor zu schwach gewesen. Für die ES 150 modellierte MZ auf den lüftergekühlten Rollermotor einen fahrtwindgekühlten Breitrippenzylinder. Typisch bei der ES ist der Schraubenzieher, den Fahrer zwischen Motor und Unterzug klemmten. Wolfgang Böhme: „Damit man schnell an den Vergaser herankam." Für den Fall, dass die „Klingelbrühe" (Benzin) den Vergaser verstopfte. Mit 19 hatte Wolfgang Böhme eine nagelneue ES 150 gekauft. Finanziert hat sie sein Vater, damit der Junge zwischen Uni und dem Zuhause in Glashütte pendeln konnte. 40 Jahre später fährt der pensionierte Diplom-Ingenieur immer noch dieselbe ES 150. Fast täglich. ■

AUF EINEN BLICK	
Motor	Einzylinder-Zweitakt, luftgekühlt
Hubraum	143 cm³
Leistung	10 PS bei 5.500 U/min
Rahmen	geschlossener Stahlpressrahmen mit verschraubtem Alu-Druckgussheckteil
Federung	vorn Langschwinge, hinten Schwinge
Bremsen	vorn und hinten Vollnabe, 150 mm
Endantrieb	gekapselte Rollenkette
Getriebe	4-Gang
Reifen	vorn und hinten 3.00-18
Tankinhalt	9 l
Höchstgeschwindigkeit	95 km/h
Stückzahl	190.858
Preis	2.090 Mark (Kreditkauf 2.320 Mark)

Serienmäßige ES 125: Verkleideter Vergaser, Zigarillo-Auspuff, geschlossene Federbeine.

AUF EINEN BLICK	
Motor	Einzylinder-Zweitakt mit Umkehrspülung, luftgekühlt
Hubraum	123 cm³
Leistung	8,5 PS bei 5.500 U/min
Rahmen	geschlossener Stahlpressrahmen mit verschraubtem Alu-Druckgussheckteil
Federung	vorn Langschwinge, hinten Schwinge
Bremsen	vorn und hinten Vollnabe, 150 mm
Endantrieb	gekapselte Rollenkette
Getriebe	4-Gang
Reifen	vorn und hinten 3.00-18
Tankinhalt	9 l
Höchstgeschwindigkeit	90 km/h
Stückzahl	63.526
Preis	1.940 Mark

Die ES 125 ersetzte die RT 125. Die Rahmenhälften aus Pressblech verband das neue Falzverfahren, das die Verwindungssteifigkeit steigerte. Die Federbeinträger bestanden aus Magnesium. Erstmals kam ein asymmetrisches Scheinwerferlicht zum Einsatz. Der Motor war eine Weiterentwicklung des Einheitsmotors aus der RT 125/3 und dem Roller SR 59, nunmehr ausgestaltet mit einem Breitrippenzylinder. Die Kurbelwellenlager schmierte nicht mehr das Gemisch, sondern Getriebeöl. Das Gemisch konnte auf 1:33 reduziert werden. Die Ostdeutschen hatten immer wieder freche Sprüche drauf: Weil der rahmenfeste Scheinwerfer, der Tank und die Sitze eine Linie darstellen, erhielt die ES den Spitznamen „Rasende Taschenlampe". Die ES 125 war in anderen Staaten des Ostblocks und in Schwellenländern beliebt. Dort etablierte sie sich gegenüber Motorrädern aus Japan als der unkompliziertere Partner. Wegen des Führerscheinrechts gingen in der DDR die Verkaufszahlen zurück, als die ES 150 auf den Markt kam. Bei Behörden und Betrieben der DDR erfreute sie sich weiterhin großer Beliebtheit. Aus der Landwirtschaft war sie als Dienstkrad der Brigadiers und Meister nicht wegzudenken. Dort wurden die letzten Modelle erst nach der Wende verschrottet, als die LPG und VEG in Betriebsformen der Marktwirtschaft überführt wurden. Herbert Schmidt aus Wernigerode gelang es, eine ES 125 zu retten. Nachdem er sie restauriert hatte, staunte der ehemalige Rennfahrer: „Die Motoren sind richtig bissig!" ■

Original: Unverkleideter Verga-ser, kein Tankzierrat und der schräg abgeschnittene Auspuff.

So ein Motorrad hatten wir auch mal! – Bei den Jugendlichen war die 150er begehrt, für den Erwachsenen ein Motorrad für das Fahren von A nach B. Erst später begannen alle zu ahnen, welches Juwel die Zschopauer gebaut hatten. Kein anderes deutsches Motorrad hat größere Produktionszahlen erreicht! Aufgrund ihres Motors und des geringen Eigengewichts bot die ES 150/1 Fahrleistungen, die noch ein paar Jahre vor ihrer Markteinführung in die nächsthöhere Leistungsklasse gepasst hätten. Der Motor der „Strich Eins" hatte 11,5 PS, die machten sie 105 km/h schnell. MZ lieferte die ES 150/1 ohne Vergaserverkleidung und ohne Tankzierrat aus. Der Auspuff bekam eine modische Tütenform, das Endrohr war schräg abgeschnitten.

Auf dem Tank ersetzte der Schriftzug „Trophy" die Zierlinien: Eine Referenz an die MZ-Erfolge im Motorsport. Bei Reparaturen war es der Materiallage geschuldet, wenn die 150 das Aussehen der 150/1 bekam – und umgekehrt. Ihre Besitzer bedienten sich dessen, was zu haben war. In den ersten Jahren nach der Wende galten die ES 150 wenig. Sie wurden entsorgt, mit Glück nur durch Wegstellen in einen Schuppen. Dort entdeckte Martin Zimmermann seine ES 150/1. Er setzte den Motor fachmännisch in Gang und spendierte ihr neue Bremsen und Reifen. Für ihr originales Aussehen hat er Preise bekommen. Und wenn er den Helm abnimmt, hört er die wehmütigen Erinnerungen von anderen früheren ES 150-Besitzern. ■

AUF EINEN BLICK	
Motor	Einzylinder-Viertakt, fahrtwindgekühlt
Hubraum	143 cm³
Leistung	11,5 PS bei 6.000 bis 6.300 U/min
Rahmen	geschlossener Stahlpressrahmen mit verschraubtem Alu-Druckgussheckteil
Federung	vorn Langschwinge, hinten Schwinge
Bremsen	vorn und hinten Vollnabe, 150 mm
Endantrieb	gekapselte Rollenkette
Getriebe	4-Gang
Reifen	vorn 2.75-18, hinten 3.00-18
Tankinhalt	9 l
Höchstgeschwindigkeit	105 km/h
Stückzahl	309.414
Preis	2.160 Mark

Der Wahl-Wernigeroder Rennfahrer Herbert Schmidt über den Fahrkomfort: „Wie eine Sänfte!"

Konkurrenz und Vorgänger: Die MZ 250-Baureihe musste die AWO/Simson 425 (links und Mitte) und die BK 350 (rechts) ersetzen. Das Verständnis der Fans dieser Typen hielt sich – verständlicherweise – in Grenzen.

MZ modernisierte die ES 250 1962. Bei der „Strich Eins" schmierte nicht länger das Gemisch die Kurbelwellenhauptlager, sondern das Getriebeöl, was aber im Reparaturfall einen erhöhten Aufwand bedeutet. Wie bei der ES 125, die im selben Jahr herauskam, konnte damit auch bei der „Schrägstrich Eins" die Kraftstoffmischung auf 1:33 reduziert werden. Der vordere Kotflügel war etwas spitzer konstruiert, wirkte damit sportiver. Die Packtaschen aus Kunstleder gehörten nicht mehr zur Serie. Das war der Beschaffung geschuldet, für die Auslieferung des Motorrades brauchte nicht auf die Anlieferung der Taschen gewartet zu werden. Der Stauraum unter den Sitzen und Seitenteilen war allerdings erhalten geblieben. 16,5 PS machten das Motorrad für damalige Verhältnisse auch mit einem Seitenwagen zu einem flotten Gefährt, vorausgesetzt der Fahrer betätigte fleißig den Fußhebel der 4-Gang-Schaltung. Seine Beiwagentauglichkeit beruhigte die Gemüter, als sich herumsprach, dass die ES 300 Schwächen hat. Denn auf die 300er hatten die Gespannfahrer ultimative Hoffnungen gesetzt. Der Wahl-Wernigeroder Rennfahrer auf Ost- und Westmotorrädern Herbert Schmidt über den Fahrkomfort des ES 250/1: „Wie eine Sänfte!" Mit roter Lackierung und Chromapplikationen am Tank hat die MZ ES 250/1 ein ausgesprochen attraktives Aussehen. Offiziell hieß es, die ES 250/1 sei nun endgültig ein würdiger Nachfolger für die BK 350. Boxerfans sahen das natürlich anders. ∎

AUF EINEN BLICK	
Motor	Einzylinder-Zweitakt, luftgekühlt
Hubraum	250 cm³
Leistung	16 PS bei 5.200 U/min
Rahmen	geschlossener Einrohrrahmen
Federung	vorn Langschwinge, hinten Schwinge
Bremsen	vorn und hinten Vollnabe, 160 mm
Endantrieb	gekapselte Rollenkette
Getriebe	4-Gang
Reifen	vorn und hinten 3.25-16
Tankinhalt	16 l
Höchstgeschwindigkeit	115 km/h
Stückzahl	49.973
Preis	3.035 Mark

1962-67

MZ ES 175/1
Auf Kundenwunsch weitergebaut

Bild 1. ES 175/1 — ES 250/1

Unterschiedliche Zylinderbohrung: Die ES 175/1 und die ES 250/1 waren weitgehend baugleich.

AUF EINEN BLICK	
Motor	Einzylinder-Zweitakt, luftgekühlt
Hubraum	172 cm³
Leistung	12 PS bei 5.250 U/min
Rahmen	geschlossener Einrohrrahmen
Federung	vorn Längsschwinge, hinten Schwinge
Bremsen	vorn und hinten Vollnabe, 160 mm
Endantrieb	gekapselte Rollenkette
Getriebe	4-Gang
Reifen	vorn 3.25-16, hinten 3.50-16
Tankinhalt	16 l
Höchstgeschwindigkeit	100 km/h
Stückzahl	46.086
Preis	2.865 Mark

Ab 1962 wurde die ES 175 zur knapp 400 Mark teureren 175/1 modellgepflegt, mit Änderungen am Luftfilter, veränderter Federbeinverstellung, Getriebeöl geschmierten Hauptlagern und einer Blinkeranlage. Deren Blinker an den Lenkerenden machten den Unterschied zwischen ES 175 und ES 175/1 auch äußerlich erkennbar. Die Leistung stieg auf 12 PS, die Höchstgeschwindigkeit auf 100 km/h. 1963 wurde die Produktion der 175/1 eingestellt, zugunsten der ES 150. Die war kostengünstiger zu bauen und bot fast die gleichen Fahrleistungen. Aber sie kam an den Fahrkomfort und die Zuladung der ES 175 nicht heran. Vor allem war die ES 175/1 mit ihrer höheren Motorleistung gegenüber der ES 150 einigermaßen beiwagentauglich, und deshalb familienfreundlich. Damals junge Menschen erinnern sich noch heute daran, wie sie in jenen Jahren den Sozius- und Beiwagensitz mit einem Elternteil tauschten, meistens mit der Mutter. Der Vater lenkte standesgemäß das Motorrad. Den Kunden passte es nicht, dass die ES 175/1 aus dem Programm verschwand. Sie machten Druck. Im Folgejahr musste MZ darum die Produktion wieder aufnehmen. Mit einer denkwürdigen Folge: Die Produktion der ES 175/1 übertraf die der ES 175 um knapp 3.000 Motorräder. Die MZ ES 175, die 175/1 und die 175/2 waren die intelligentesten Motorräder jener Zeit. Wenn man sie aus der Perspektive der Vernunft betrachtet.

Großer Wurf: Die MZ ES 175/2 war eines der intelligentesten Motorräder ihrer Zeit.

Die MZ ES 175/2 hätte 1967 die ES 250 eingeholt: Sie erreichte jetzt auch eine Höchstgeschwindigkeit von 110 km/h (derweil sich die Nachfolgerin ES 250/2 auf 120 km/h gesteigert hatte). Dabei hätte die ES 175 ja schon als „Strich Eins" eingestellt werden sollen. Aber die Fangemeinde hatte den Kalkulatoren von MZ einen gründlichen Strich durch die Rechnung gezogen. Im Wortsinn, denn es war um die Kosten gegangen. Die Fans scheinen sehr gut gewusst zu haben, besser als der Hersteller, was die Ausnahmestellung der 175er ausmachte. Sie besetzte eine Hubraumklasse, die auf dem internationalen Parkett nicht etabliert war. Auch später sollte es in Ost- und Westdeutschland nie wieder ein Motorrad mit

175 cm³ geben. Die ES 175/2 wies alle Merkmale der großen Schwester auf. So erfolgte die Lagerung des Breitrippenmotors auch mittels zweier Silentblöcke. Wäre die 175-er eingestellt worden, hätte es diese Neuerungen nie gegeben: Der Motor war besser gekühlt und lief mit weniger Vibrationen als bei den Vorgängermodellen. Innovativ ist die Methode, wie die Luft angesaugt wird. Sie tritt durch Öffnungen am Steuerkopf ein, fließt durch das obere Rahmenrohr in den Ansauggeräuschdämpfer mit Luftfilter und gelangt von dort in den Vergaser. Die Luft ist „gereinigt und beruhigt", wie Fachleute sagten. Äußerlich ist die „Strich Zwei" am eckigen Scheinwerfer und den Blinkern an den Lenkerenden zu erkennen. ∎

AUF EINEN BLICK	
Motor	Einzylinder-Zweitakt, luftgekühlt
Hubraum	172 cm³
Leistung	14 PS bei 5.200 U/min
Rahmen	geschlossener Einrohrrahmen
Federung	vorn Langschwinge, hinten Schwinge
Bremsen	vorn und hinten Vollnabe, 160 mm
Endantrieb	gekapselte Rollenkette
Getriebe	4-Gang
Reifen	vorn 3.00-16, hinten 3.50-16
Tankinhalt	16 l
Höchstgeschwindigkeit	110 km/h
Stückzahl	40.500
Preis	2.910 Mark

MZ ES 300
Fahreigenschaften wie ein Viertakter

MZ ES 300: Ein viel versprechen-des Modell, dem kein langer Ver-kaufserfolg beschieden war.

AUF EINEN BLICK	
Motor	Einzylinder-Zweitakt mit Umkehrspülung, luftgekühlt
Hubraum	293 cm³
Leistung	18,5 PS bei 5.200 U/min
Rahmen	geschlossener Einrohrrahmen
Federung	vorn Langschwinge, hinten Schwinge
Bremsen	vorn und hinten Vollnabe, 160 mm
Endantrieb	gekapselte Rollenkette
Getriebe	4-Gang
Reifen	vorn 3.25-16, hinten 3.50-16
Tankinhalt	16 l
Höchstgeschwindigkeit	120 km/h
Stückzahl	7.786
Preis	3.385 Mark

Die wenigen ES 300 waren Motorräder der Superlative. Doch MZ nahm die sehnsüchtig erwartete 300er bereits 1965 wieder aus dem Programm: Wegen thermischer Probleme und starken Vibrationen, wie die Zschopauer halboffiziell verlauten ließen. Lästig waren die Vibrationen vor allem mit einem Seitenwagen. Aber genau für diese in der DDR so beliebte Betriebsart war die ES 300 vorgesehen gewesen. Technisch war die 300er eine ES 250/1, aber mit einem zum Quadrathuber vergrößerten Zylinder (Bohrung: 72 x 72 Millimeter, außen: 14 Kühlrippen) und dem BVF-Vergaser 30 KN 1-1. Wahlweise gab es Einzelsitze oder eine Sitzbank. Mit den Packtaschen aus Kunstleder und Beiwagen wäre die ES 300 ein richtiges Familienschiff gewesen. Das hervorragen-

de Kurvenhandling und der große Hubraum ergaben ein Fahrverhalten wie bei einem Viertakter. „Auf Steigungen, auf denen ich andere Zweitakter runterschalte, schalte ich bei ihr hoch", erklärt Alexander Böhme aus Neustadt/Sachsen. Der 21-jährige Kfz-Mechatroniker kennt die Vibrationen: „Nur rund um die 70-km/h-Marke ist das Fahren komfortabel." Mit der Thermik hat der ES 300-Restaurator auch auf Bergstrecken keine Probleme. Die gab es auch vor 40 Jahren nicht, wie der *Deutsche Straßenverkehr* in seiner Ausgabe 8/63 nach einem Härtetest der ES 300 berichtete. Aber zwei Argumente für das Produktionsende klangen überzeugender als eines. Die von den Kunden erzwungene Wiederaufnahme der ES 175-Fertigung hatte MZ noch in frischer Erinnerung.

*Untypischer Zweitakter: Die ES 300 hat ein Durchzugs-
vermögen wie ein Viertakter.*

Die vordere Langschwinge der ES 300.

Variabel: Die vordere Bohrung ist für den Beiwagenbetrieb, die hintere für den Solobetrieb.

Klar erkennbar: Die ES 250/2 hatte einen eckigen, mit dem Rahmen verbundenen Scheinwerfer.

AUF EINEN BLICK	
Motor	Einzylinder-Zweitakt, luftgekühlt
Hubraum	243 cm³
Leistung	17,5 PS bei 5.350 U/min, ab 1969: 19 PS bei 5.350 U/min; BRD-Variante: 17 PS bei 5.400 U/min
Rahmen	geschlossener Einrohrrahmen
Federung	vorn Langschwinge, hinten Schwinge
Bremsen	vorn und hinten Vollnabe, 160 mm
Endantrieb	gekapselte Rollenkette
Getriebe	4-Gang
Reifen	vorn und hinten 3.00-16
Tankinhalt	16 l
Höchstgeschwindigkeit	Bis 1969 und BRD-Variante 115 km/h, sonst 120 km/h
Stückzahl	128.989
Preis	3.015 Mark

Die ES 250/2 war die Krönung der ES-Baureihe, im Solo- wie im Beiwagenbetrieb. Bei den bisherigen 250ern hatte der Kolbenbolzen als Schwachpunkt gegolten. Bei unsensibler Fahrweise waren mehrfach Motorschäden bekannt geworden. Der Motor erfuhr deshalb eine entscheidende Neuerung: Den Kolbenbolzen führte ein Nadellager. Den Leichtmetallzylinder kennzeichneten breitere Kühlrippen. Neu war auch die elastische Motoraufhängung. Zwei Silentblöcke reduzierten die Vibrationen. Infolgedessen entfiel die tragende Funktion des Motors, was zu Änderungen in der Rahmenbauweise führte. Im Steuerkopf befanden sich Öffnungen für die Ansaugluft. Über das obere Rahmenrohr wurde die Luft in den Ansauggeräuschdämpfer mit dem Luftfilter eingeleitet. Schon von weitem zu sehen war bei der „Schrägstrich Zwo" der eckige, in der Diagonalen 170 Millimeter durchmessende Scheinwerfer, der mit dem Rahmen fest verbunden ist. Mit der Leistungssteigerung auf 19 PS erhielt sie den Beinamen „Trophy". Die Namenserweiterung verdienten sich die MZ durch den vierten Sieg bei den „Six Days". Die ES 250/2 galt als das Motorrad mit dem besten Fahrkomfort in der Viertelliterklasse. Auf serienmäßige Packtaschen mussten die Besitzer allerdings verzichten, es gab sie im Zubehör. ◼

Die MZ ES 125 kam 1969 modellgepflegt auf den Markt. Sie war zur „Strich Eins" geworden. Bei kaum einer anderen Baureihe war der Unterschied zwischen der ersten und zweiten Generation so deutlich zu erkennen, durch den lang gezogenen Auspuff in Tütenform, dessen abgeschnitten wirkendes Endstück, die fehlende Vergaserverkleidung und die unverkleideten Federn. Mit dem Modellwechsel kam der Schriftzug „Trophy" auf den Tank. Dieser Zusatz ergab sich aus den zahlreichen Motorsporterfolgen, die in Stichworten bis heute auf jedem originalen MZ-Tankdeckel eingeprägt sind. Die Tankdeckel sind begehrte „Wegfindware", sogar aus Museen absentieren sie sich in unbeobachteten Augenblicken … Die wirklich neuen Werte der ES 125/1 drückten die gesteigerten Leistungsdaten aus. Ein neuer Vergaser und das Innenleben des Auspuffs ergaben 10 PS und eine Höchstgeschwindigkeit von glatten 100 km/h. Auch wenn sie damit der 150er dicht auf den Fersen war, blieb die 125/1 im Schatten ihrer größeren Schwester, erreichte aber dennoch bis zum Ende ihrer Produktion beachtliche Lieferzahlen. In Westdeutschland verkaufte das Versandhaus Neckermann die MZ, der Zulassungsanteil der ES 125/1 kam allerdings – ganz im Gegensatz zu den 250ern – nicht über zwei Prozent. Weil sich in den ersten Jahren nach der Wende Ersatzteile für die ES 125/1 leichter als für die 125 beschaffen ließen, sind die Typen mitunter optisch kaum zu unterscheiden. ∎

AUF EINEN BLICK	
Motor	Einzylinder-Zweitakt mit Umkehrspülung, luftgekühlt
Hubraum	123 cm³
Leistung	10 PS bei 6.150 U/min
Rahmen	geschlossener Stahlpress-rahmen mit verschraubtem Alu-Druckgussheckteil
Federung	vorn Langschwinge, hinten Schwinge
Bremsen	vorn und hinten Vollnabe, 150 mm
Endantrieb	gekapselte Rollenkette
Getriebe	4-Gang
Reifen	vorn 2.75-18, hinten 3.00-18
Tankinhalt	9 l
Höchstgeschwindigkeit	100 km/h
Stückzahl	336.473
Preis	1.940 Mark

Insider wissen Bescheid, andere nicht. Sonst wären die ETS 250 und ihre Ersatzteile noch teurer. Noch während die ES-Baureihe produziert wurde, erschien die ETS 250. Mit der in Mode gekommenen Telegabel. „ETS" stand für Einzylinder, Telegabel und Schwinge. International stand die sportliche ETS 250 in der zweitaktenden Viertelliterklasse gut da: „Schönstes MZ-Motorrad", ist eine verbreitete Meinung. Dass MZ sich bei der Entwicklung von westeuropäischen Importeuren beeinflussen ließ, ist offiziell nie bestätigt worden. In Westdeutschland vertrieb Neckermann seit 1968 die MZ-Motorräder, ihr Zulassungsanteil in der 250er-Klasse erreichte 18,5 Prozent. Die ETS will hochtourig gefahren werden, der 4. Gang war in der Stadt tabu. Der 2. Gang liegt gegenüber der ES dichter am 3. Gang, ein Vorteil fürs schnelle Überholen auf der Landstraße. Das sei bis heute kein Problem, bestätigt ETS 250-Besitzer Andreas Weinhold aus Magdeburg. Einer flotten Fahrweise war aber anfangs die Kette nicht gewachsen. Schon nach wenigen hundert Kilometern sprang sie beim Beschleunigen aus den Zahnrädern des Ritzels. „Auch im Barchfelder Kettenwerk ist die Gütekontrolle hoffentlich nicht der Meinung, dass die Ketten schon Lob verdienen", ätzte der *Deutsche Straßenverkehr* (6/1969) in einem Testbericht. Wegen ihrer vergleichsweise geringen Produktionszahl sind gepflegte ETS 250 selten und teuer, Verschleiß- und Ersatzteile allerdings auch. Vor allem die Faltenbälge. Ihre Maße sind nicht identisch mit denen anderer MZ-Motorräder. ■

Schneller als offiziell angegeben: 128,5 km/h stoppten die Tester einer Fachzeitschrift.

Gegenüber liegende Seite: Rasant und sportlich: Die MZ ETS 250 gilt als eines der schönsten MZ-Motorräder.

AUF EINEN BLICK	
Motor	Einzylinder-Zweitakt mit Umkehrspülung, luftgekühlt
Hubraum	243 cm³
Leistung	19 PS bei 5.350 U/min
Rahmen	geschlossener Einrohrrahmen
Federung	vorn Teleskopgabel, hinten Schwinge
Bremsen	vorn und hinten Vollnabe, 160 mm
Endantrieb	gekapselte Rollenkette
Getriebe	4-Gang
Reifen	vorn 2.75-18, hinten 3.50-16
Tankinhalt	22 l
Höchstgeschwindigkeit	120 km/h
Stückzahl	16.266
Preis	3.280 Mark

MZ ETS 150
Komplizierter Lenkerwechsel

Fahrzeugmuseum Suhl: Die MZ ETS 150 mit hohem Lenker.

AUF EINEN BLICK	
Motor	Einzylinder-Zweitakt mit Umkehrspülung, luftgekühlt
Hubraum	143 cm³
Leistung	11,5 PS bei 6.150 U/min
Rahmen	geschlossener Stahlpressrahmen mit verschraubtem Alu-Druckgussteil
Federung	vorn Telskopgabel, hinten Schwinge
Bremsen	vorn und hinten Vollnabe 150 mm
Endantrieb	gekapselte Rollenkette
Getriebe	4-Gang
Reifen	vorn 2.75-18, hinten 3.00-18
Tankinhalt	9 l
Höchstgeschwindigkeit	105 km/h
Stückzahl	14.042
Preis	2.530 Mark

Im Westen begann mit dieser Baureihe der Import durch Neckermann. In der DDR war es gar nicht so einfach, eine ETS zu bekommen, denn der Export hatte Vorrang. Neben den Aufgaben eines Transportmittels wuchs den Motorrädern – auch in der DDR – zunehmend die Rolle des Freizeitfahrzeugs zu. Wie die ETS 250 war die ETS 150 mit Teleskopgabel und Schwinge ausgerüstet. Auch wenn eine Schwinge am Vorderrad bei Gespannen der Telegabel überlegen gewesen ist, die junge Generation der Motorradfahrer bevorzugte die Telegabel. Im Rennsport ist sie wegen ihrer Handlichkeit und Gewichtsersparnis ohnehin vorteilhafter. Bei MZ war die Diskussion um Telegabel oder Schwinge beendet, nachdem

Walter Kaaden für die MZ-Rennmaschinen beim britischen Motorradhersteller Norton Telegabeln bestellt hatte. Für eine ähnliche Entscheidung, das Bestellen einer Kurbelwelle bei MAN, hatte die Stasi noch kurz vor der Wende einen Konstrukteur aus dem Maschinenbau verhaftet. Das zeigt, wie sehr den Akteuren an der Qualität ihrer Produkte gelegen war und welche Risiken sie dafür eingingen. Die ETS 150 war wahlweise mit flachem oder mit hohem Lenker zu haben. Ein nachträgliches Umrüsten war allerdings nicht ganz einfach, dabei mussten auch die Bowdenzüge gewechselt werden. Die Verkaufszahlen in der BRD waren durchaus viel versprechend. Bei den 250ern betrug deren Marktanteil 18,5 Prozent. ■

Fahrzeugmuseum Suhl: (von links nach rechts) MZ ETS 150, MZ ETS 250, MZ ETS 125.

Für die Telegabel erhielt die ETS 125 weichere Tragfedern. Abgesehen davon war die Gabel identisch mit denen der beiden größeren Schwestern. Der Motor und das Fahrgestell stammten von der ES-Baureihe. Die Sitzbank dagegen war speziell für diese Baureihe entwickelt worden. Der Tank kam von der Simson Sperber, war aber durch die Kniekissen auf den ersten Blick nicht als solcher zu erkennen. Der Marktanteil der handlichen ETS 125 erreichte in Westdeutschland nur zwei Prozent. Interessierte Käufer in Ostdeutschland hatten dennoch meistens das Nachsehen, was bei nur knapp 5.000 hergestellten Motorrädern dieses Typs nicht verwundert. Die neue ETS-Baureihe war vor allem ein Exportschlager. Die Motorräder wurden in 65 Länder exportiert. Am Erfolg hatte allerdings die „Kleine" den geringsten Anteil. Sie war – wie damals alle 125er – das typische Dienstkrad für Landwirtschaft und Betriebe. In den Jahren von '69 bis '73 hatte MZ – durch den gleichzeitigen Bau von ES und ETS – die größte zu DDR-Zeiten erreichte Produktbreite. Den sportlichen Anspruch der ETS-Reihe unterstrich der Beiname „Trophy Sport". Warum allerdings die Zschopauer in ihren eigenen Aussagen ausgerechnet die erfolgreichen ETS-Motorräder als „Zwischenlösung" bezeichneten, ist bis heute unklar. Wollten sie ihren Erfolg aus taktischen Gründen gegenüber dem Kombinat in Suhl herunterspielen, um Entwicklungsgelder für neue Modelle zu bekommen? Immerhin beantragte MZ für das Nachfolgemodell tatsächlich Investmittel – die das Kombinat nicht genehmigte. ■

AUF EINEN BLICK	
Motor	Einzylinder-Zweitakt mit Umkehrspülung, luftgekühlt
Hubraum	123 cm³
Leistung	10 PS bei 6.150 U/min
Rahmen	geschlossener Stahlpressrahmen mit verschraubtem Alu-Druckgussteil
Federung	vorn Teleskopgabel, hinten Schwinge
Bremsen	vorn und hinten Vollnabe, 150 mm
Endantrieb	gekapselte Rollenkette
Getriebe	4-Gang
Reifen	vorn 2.75-18, hinten 3.00-18
Tankinhalt	9 l
Höchstgeschwindigkeit	100 km/h
Stückzahl	4.860
Preis	2.350 Mark

Konkurrenzfähig: Bei den Zwei-taktern konnte die TS 250 inter-national mithalten.

Die TS 250 war das neue Spit-zenmodell von MZ. Vor dem Serienanlauf hatte es Ärger gege-ben: Die Zschopauer wollten den Zweitaktmotor gründlich moderni-sieren, doch die Investmittel für eine Weiterentwicklung waren vom IFA Kombinat für Zweirad-fahrzeuge nicht genehmigt wor-den. Die MZ-Werker mussten sich mit Detailverbesserungen begnü-gen. Der Motor erhielt einen 30er-Vergaser, der das Drehmoment bei höheren Drehzahlen steigerte. Das Schmierungsverhältnis reduzierte sich nach dem Einfahren auf 1:50. Die Leistung kratzte an der 20-PS-Marke. Der Motor war drehbar um die Schwinge gelagert. Seine Auf-hängung erfolgte mittels Gummi-

Gestylte TS 250: Den Glitzereffekt dieser TS 250/1 erzielte der Besitzer mit Haarspray.

element zwischen Zylinderkopf-deckel und Rahmen. Die Teleskop-gabel hatte einen beachtlichen Fe-derweg von 185 mm. Die TS 250 gab es in einer Standard- und in einer De-luxe-Ausführung, mit hohem und niedrigem Lenker sowie mit großem und kleinem Tank. Bei der Exportversion für Westdeutschland half ein 28er-Vergaser, die Leistung auf 17 PS zu begrenzen. Die TS 250 konnte in den 70er-Jahren im internatio-nalen Vergleich in der zweitaken-den Viertelliterklasse mithalten. Die DDR-Fachpresse fand den-noch zwei Haare in der Suppe: Der Schalthebel liege zu dicht am Mo-torgehäuse und für geräuschloses Schalten benötige man viel Ge-fühl. Insider misstrauen übrigens dem Mischungsverhältnis von 1:50. Zum Vermeiden von Kolben-klemmern mischen sie 1:33. ■

AUF EINEN BLICK	
Motor	Einzylinder-Zweitakt mit Umkehrspülung, luftgekühlt
Hubraum	243 cm³
Leistung	19 PS bei 5.350 U/min
Rahmen	geschlossener Stahlpress-rahmen mit verschraubtem Alu-Druckgussheckteil
Federung	vorn Teleskopgabel, hinten Schwinge
Bremsen	vorn und hinten Vollnabe, 160 mm
Endantrieb	gekapselte Rollenkette
Getriebe	4-Gang
Reifen	vorn 3.00-16, hinten 3.50-16
Tankinhalt	12,5-17,5 l
Höchstgeschwindigkeit	125 km/h
Stückzahl	110.899
Preis	3.220 Mark

1973–85

MZ TS 150
Der feine, aber wesentliche Unterschied

Attraktiv: Die TS 150 hatte einiges zu bieten, sah der TS 125 aber sehr ähnlich.

AUF EINEN BLICK	
Motor	Einzylinder-Zweitakt mit Umkehrspülung, luftgekühlt
Hubraum	143 cm³
Leistung	11,5 PS bei 6.150 U/min
Rahmen	geschlossener Stahlpressrahmen mit verschraubtem Alu-Druckgussteil
Federung	vorn Teleskopgabel, hinten Schwinge
Bremsen	vorn und hinten Vollnabe, 150 mm
Endantrieb	gekapselte Rollenkette
Getriebe	4-Gang
Reifen	vorn 2.75-18, hinten 3.00-18
Tankinhalt	12,5 l
Höchstgeschwindigkeit	105 km/h
Stückzahl	200.000
Preis	2.375 Mark

Es war immer dasselbe: Wenn Polizisten eine 125er anhielten, deren Fahrer keine Dienstperson auf einem Betriebsmotorrad war, schauten sie als erstes nach der Vergaseraufschrift. Die dort analog zum Motortyp aufs Metall geprägten Zahlen gaben sicheren Aufschluss über Hubraum und Motorleistung. Andere sichere Unterscheidungsmerkmale gab es von außen nicht. Die TS 150 hatte einiges zu bieten, so die identische Technik wie die große TS 250: Ein Pressstahlrahmen mit neuer Steuerkopfpartie und Widerlagern für die Diebstahlsicherung und den Lenkanschlagwinkel sowie ein eingeschweißtes Tragrohr für die Kraftstoffbehälteraufhängung. Die Lenkungslagerung in einem Radialrillenkugellager machte ein Nachstellen nicht mehr erforderlich. Die Te-

legabel hatte einen 185 mm langen Federweg. Die Hinterradfederung der 150er (und 125er) war weicher geraten. Versuche hatten ergeben, dass sich das ohne Durchschlagen der Federung machen ließ. Äußerlich erkennbar war der Fortschritt der TS-Baureihe an der Vierfach-Blinkeranlage. Wie üblich waren die 125er etwas weniger beliebt und deshalb bei den Betrieben als preiswertes Dienstkrad im Einsatz. Auch als Gebrauchte war die 125er günstiger. Was lag näher, als sich eine dieser 125er zu kaufen und die Motorleistung zu hübschen? Etwa durch einen Zylinder mit 150er-Bohrung. So kam man zu einer attraktiven 150er, ohne für eine solche bezahlt zu haben. Nur der BVF-Vergaser für den leistungsstärkeren M150/2-Motor verriet das Tuning. ∎

48

Oben: Die MZ TS 150 war ein gelungener Kompromiss aus TS 125 und TS 150.

Links: Die Bezeichnung des Vergasers gab Aufschluss über die Motorleistung.

MZ TS 125
Langes Leben

Kaum zu unterscheiden: Die TS-Modelle unterschieden sich auf den ersten Blick fast nicht.

AUF EINEN BLICK	
Motor	Einzylinder-Zweitakt mit Umkehrspülung, luftgekühlt
Hubraum	123 cm³
Leistung	10 PS bei 5.250 U/min
Rahmen	geschlossener Stahlpress-rahmen mit verschraubtem Alu-Druckgussheckteil
Federung	vorn Teleskopgabel, hinten Schwinge
Bremsen	vorn und hinten Vollnabe, 150 mm
Endantrieb	gekapselte Rollenkette
Getriebe	4-Gang
Reifen	vorn 2.75-18, hinten 3.00-18
Tankinhalt	12,5 l
Höchstgeschwindigkeit	100 km/h
Stückzahl	200.000
Preis	2.350 Mark

Keine andere MZ-Baureihe hatte eine so lange Lebensdauer wie die TS. Nur die Summe aller RT-Versionen kam an sie heran. Erstaunlicherweise erzielte dabei auch die kleine 125er gute Verkaufszahlen, was vermutlich an dem identischen Aufbau wie bei der 150er und 250er lag. Optisch waren sie, abgesehen vom Typenschild, kaum zu unterscheiden. Auch die Fahrleistungen lagen relativ dicht an denen der nächstgrößeren Schwester. Die Maßnahmen der Modellpflege betrafen alle drei Motorradtypen. Sie bekamen ab 1976 als Primärantrieb eine Duplexkette. 1978 erhielt der Motor MM 125/2 eine verstärkte Kurbelwelle. Die war so konstruiert, dass sie auch als Ersatz alter Kurbel-

wellen verwendet werden konnte. Deshalb wurde dann auch nur noch diese Kurbelwelle hergestellt. Auch bei der 125er gab es eine Luxusausführung. Die glänzte durch Chromapplikationen und hatte eine kombinierte Einheit aus Tachometer und Drehzahlmesser. Im Jahr 1974 begann mit 3.000 TS-Modellen der Export in die USA. Als nach der Wende die ostdeutschen Motorradwerte nichts mehr galten, hatte die TS-Baureihe die größten Opfer zu bringen. „Es gab sie wie Sand am Meer", erzählt der Wernigeroder Werkstattmeister Matthias Ott, „und so wurden sie auch entsorgt." Auf dem Land konnten Liebhaber einzelne Exemplare am ehesten vor dem Verschrotten retten. ■

Die TS 250/1 bot Neues: Die Gabel war verstärkt worden, sie verzichtete auf Führungsbuchsen. Die Führung der Standrohre erfolgte direkt im Leichtmetall der Gleitrohre. Die Gabelstandrohre hatten Durchmesser von 35 mm bei einer Wanddicke von 3,5 mm. Die Rohre überdeckten sich großflächig. Schon bei geringen Bodenunebenheiten sprach die Gabel an. Erstmals kam bei der TS 250/1 ein 5-Gang-Getriebe zum Einsatz. Es war besser zu schalten und langlebiger als die alte 4-Gang-Schaltung. Das günstigere Abstufungsverhältnis verbesserte die Beschleunigung. Die Höchstgeschwindigkeit blieb identisch mit der der TS 250. Optisch markant war der ausschließlich horizontal verrippte Zylinderkopf. Diese Form sollte von da an das Aussehen der MZ-Zweitaktmotoren bis zum Produktionsende kurz nach der Wende bestimmen. Das 18-Zoll-Vorderrad erhielt ein neues Schutzblech. Die Bremsringe waren aus Grauguss, die Bremstrommeln verrippt. Die Luxusversion wurde mit einer kombinierten Instrumenteneinheit aus Tacho und Drehzahlmesser ausgeliefert. Wie üblich, war die BRD-Version auf 17 PS gedrosselt. Mit der Seitenwagenfähigkeit der „TS" eroberte MZ eine Domäne zurück. Die abgebildete TS gehört Riccardo Myland. Der 20-Jährige aus Sachsen-Anhalt will die historische Motorradtechnik Ostdeutschlands vor dem Vergessen bewahren. ■

Neue Schaltung, neue Zylinderverrippung: Der Unterschied zum Vorgängermodell war deutlich.

AUF EINEN BLICK	
Motor	Einzylinder-Zweitakt mit Umkehrspülung, luftgekühlt
Hubraum	243 cm³
Leistung	19 PS bei 5.350 U/min
Rahmen	geschlossener Stahlpressrahmen mit verschraubtem Alu-Druckgussheckteil
Federung	vorn Teleskopgabel, hinten Schwinge
Bremsen	vorn und hinten Vollnabe, 160 mm
Endantrieb	gekapselte Rollenkette
Getriebe	5-Gang
Reifen	vorn 2.75-16, hinten 3.50-16
Tankinhalt	17,5 l
Höchstgeschwindigkeit	125 km/h
Stückzahl	110.899
Preis	3.322 Mark

Zubehör: Mit den Koffern und den Trägern von Pneumant war die ETZ 250 tourentauglich.

Am 1. November 1980 erhielt die ETZ 250 die Typenzulassung, danach war sie neun Jahre lang das Parade-Bike aus Zschopau. Ohne den Unterzug am Rahmen und mit dem Dreieckdesign des Tanks sah die 250er eigenwillig filigran aus. Das Aussehen garantierte einen hohen Wiedererkennungswert. Die 250er gab es in einer Standard-, De-luxe- und Export-Version. Durch den robusten Zweitaktmotor, die gekapselte Endantriebskette und den allzeit dienstbereiten Kickstarter galt die ETZ 250 als ausgesprochen bedienerfreundlich. Die Zweitakt-Vibrationen bekam vor allem der oder die Beifahrer/in an den

Top-Modell von MZ: Neun Jahre lang war die ETZ 250 das Parade-Bike aus Zschopau.

Fußrasten zu spüren. Seitenwagenbetrieb war nur mit einem neuen Hauptrahmen möglich. Eine Halbschale und ein Koffersystem aus dem Zubehör sowie 17,5 Liter Tankinhalt vermittelten Tourenqualitäten. Die waren bei den Höchstgeschwindigkeiten im Osten keine Übertreibung, im Westen waren kurvige Landstraßen die Domäne der handlichen, sprintstarken Maschine. Während der Zweitakter unter Teillast bis 3.000 Umdrehungen unruhig zu Werke geht, legt er beim Aufdrehen bissig los. Spätestens ab 4.000 Umdrehungen liegt die Maschine bei zurückgenommenem Gasgriff ruhig. Gewöhnungsbedürftig geblieben ist die Kupplung von MZ mit ihrem langen Übergang vom Schleifen zum Greifen. Lässt man zu schnell los, ist der Bocksprung programmiert. ■

AUF EINEN BLICK	
Motor	Einzylinder-Zweitakt mit Umkehrspülung, luftgekühlt
Hubraum	243 cm³
Leistung	21 PS bei 5.400 U/min
Rahmen	Zentralkastenrahmen mit angeschweißtem Heckteil
Federung	vorn Teleskopgabel, hinten Schwinge
Bremsen	Vollnabe, 160 mm (de luxe und Export vorn mit Scheibenbremse, 280 mm)
Endantrieb	gekapselte Rollenkette
Getriebe	5-Gang
Reifen	vorn 2.75-18, hinten 3.50-18
Tankinhalt	17,5 l
Höchstgeschwindigkeit	130 km/h
Stückzahl	239.417
Preis	4.005 Mark

MZ ETZ 250 Exportversion
Geheimtipp im Westen

Export-Merkmal: Das verchromte vordere Schutzblech war das optische Unterscheidungsmerkmal.

AUF EINEN BLICK	
Motor	Einzylinder-Zweitakt mit Umkehrspülung, luftgekühlt
Hubraum	243 cm³
Leistung	17 PS bei 5.000 U/min
Rahmen	Zentralkastenrahmen mit angeschweißtem Heckteil
Federung	vorn Teleskopgabel, hinten Schwinge
Bremsen	Vollnabe, 160 mm (de luxe vorn mit Scheibenbremse, 280 mm)
Endantrieb	gekapselte Rollenkette
Getriebe	5-Gang
Reifen	vorn 2.75-18, hinten 3.50-18
Tankinhalt	17,5 l
Höchstgeschwindigkeit	125 km/h
Stückzahl	keine Angaben
Preis	3.590 D-Mark (Neckermann) bis 1.980 D-Mark (Hein Gericke)

Bei der Export gab es die kleinen, aber feinen und die großen Unterschiede. Sichtbare Basis der Export war die De-luxe. Veredelt wurde sie mit Scheibenbremsen von Brembo, später kamen eine Mikuni-Getrenntölschmierung und eine elektronische Zündung dazu. Der feine, nur bei Wettfahrten sichtbare oder auf schnellen Steigungen hörbare Unterschied war der gedrosselte Motor. Die kleinere 120er-Hauptdüse und der veränderte Krümmer haben eine wundersame Wirkung, in mehrfacher Hinsicht. Der 13-kW-Motor beschleunigt gleichmäßig, erst oberhalb von 5.000 Umdrehungen lässt er langsam nach. Das bei der 17-kW-Version typische Kotzen unter Teillast spürt der Fahrer (fast) nicht. Bergauf muss er aber eher runterschalten, was Außenstehende beim Zweitakter deutlich hören.

17 PS waren im Westen die Voraussetzung für eine günstige Versicherung. Die ETZ 250 galt dabei als Geheimtipp. Rechnen Sie 13 kW mal nach, ganz genau … Wer den Motor bissig haben wollte, brauchte ihn „nur" aufzumachen. Durch den Vertrieb über Neckermann („… macht's möglich!") hatten die Motorräder den Ruf als Billigware bekommen. Das Image aufpolieren konnte auch Hein Gericke nicht, nachdem er den Import übernommen hatte. Heute gelten gut erhaltene ETZ 250 bereits als begehrte Ware auf dem Gebrauchtmarkt. Die Laufleistung der soliden Zweitakter ist dabei nachrangig. Im Westen ist diese Nachricht noch nicht angekommen. Vielleicht ist das auch ganz gut so … ■

Die Krümmerform der 17-PS-Version ist inzwischen meistens der 21-PS-Version angeglichen.

*Ausnahme: Zulassungsbehörden gestatten
zur Geschichtspflege Signalhorn und Blaulicht.*

Das Funkkrad ein langsameres Exportmodell? Tatsächlich hatte die VP (Volkspolizei)-Ausführung der ETZ 250 den leistungsreduzierten 17-PS-Motor unter dem Tank. Und das aus wohlüberlegten Gründen. Für Verfolgungsfahrten auf der Landstraße und der Autobahn war das Polizeimotorrad nicht vorgesehen, dafür aber für den Verkehrs- und Streifendienst in den Städten. Den erledigten die Polizisten auf niedrigem Geschwindigkeitsniveau. Der gedrosselte Motor galt bei niedrigen Drehzahlen als kultivierter. Die Verkleidung war im Windkanal getestet worden. Sie bot keinen höheren Luftwiderstand als eine unverkleidete ETZ 250. Polizisten, die auf diesen Motorrädern ihren Dienst verrichteten, berichten noch heute von der trockenen Sitzposition bei Regen, solange man nicht stand und die Tropfen direkt von oben kamen. Die stabilen Koffer und das Funkgerät waren an einem Hilfsrahmen montiert. Da es die Volkspolizei nicht mehr gibt, gestatten die Zulassungsbehörden unter der Voraussetzung der Geschichtspflege den Betrieb dieser Motorräder mit den damaligen Hoheitsabzeichen und funktionierendem Signalhorn und Blaulicht. Bei Motorrädern im Alltagsgebrauch müssen diese Teile entfernt sein. Gerüchten zufolge fuhr die Transportpolizei die ETZ in einer schnellen Sonderausführung, deren Hubraum auf knapp 300 cm³ aufgebohrt gewesen sein soll. ■

AUF EINEN BLICK	
Motor	Einzylinder-Zweitakt mit Umkehrspülung, luftgekühlt
Hubraum	243 cm³
Leistung	17 PS bei 5.000 U/min
Rahmen	Zentralkastenrahmen mit angeschweißtem Heckteil
Federung	vorn Teleskopgabel, hinten Schwinge
Bremsen	vorn Scheibenbremse, 280 mm, hinten Vollnabe, 160 mm
Endantrieb	gekapselte Rollenkette
Getriebe	5-Gang
Reifen	vorn 2.75-18, hinten 3.50-18
Tankinhalt	17,5 l
Höchstgeschwindigkeit	115 km/h

MZ ETZ 250 A
Kombi-Motorrad für die NVA

Aufgerüstet: Die MZ ETZ 250 A wurde im Streifen- und Verkehrsdienst eingesetzt.

AUF EINEN BLICK	
Motor	Einzylinder-Zweitakt, luftgekühlt
Hubraum	243 cm³
Leistung	17 PS bei 5.000 U/min
Rahmen	Zentralkastenrahmen mit angeschweißtem Heckteil
Federung	vorn Teleskopgabel, hinten Schwinge
Bremsen	vorn Scheibenbremse, 280 mm, hinten Vollnabe, 160 mm
Endantrieb	gekapselte Rollenkette
Getriebe	5-Gang
Reifen	vorn und hinten 3.50-18
Tankinhalt	17,5 l
Höchstgeschwindigkeit	125 km/h
Stückzahl	keine Angaben
Preis	keine Angaben

Meistens waren sie zur Regelung des Militärverkehrs eingesetzt. So waren sie auch ausgerüstet. Dabei kombinierte die Armeeausführung der ETZ 250 A die Baugruppen anderer ETZ 250-Versionen. Scheibenbremsen hatten die Export und die De-luxe. Der Motor war, wie bei der Polizeiausführung, die gedrosselte Exportversion. Deren Einzylinder hatte bei niedrigen Drehzahlen das ruhigere Laufverhalten und den gleichmäßigeren Durchzug. Auf Höchstgeschwindigkeiten kam es beim Militär nicht an, eher darauf, die gleichmäßig langsame Marschgeschwindigkeit eines Konvois halten zu können. Eine Besonderheit waren die beiden Einzelsitze. Sie waren auf einem Hilfsrahmen verbunden, der mit dem Fahrzeugrahmen verschraubt war. Vorder- und Hinterrad waren mit der identischen Reifendimension belegt. Zusätzlich zum Hauptständer hatte das Motorrad einen Seitenständer, der in Höhe des Fahrers montiert war – und nicht wie die im Zubehör erhältlichen Seitenstützen an der linken Schwinge. Die hier abgebildete MZ ETZ 250 A wird von ihrem Besitzer auf Ausstellungen gezeigt. Nachfolger des Motorrades hätte die MZ ETZ 251 werden sollen. Ihrer Serienfertigung in der Armeeausführung kam die Wende zuvor. ◼

Gegenüber liegende Abbildung:
Die ETZ 250 A und ihr Besitzer beim Oldtimertreffen in Schladen.

MZ ETZ 150
Der Traum der Jugendlichen

Neu lackiert: Auch wenn das Blau nicht serienmäßig ist, es steht der ETZ 150 gut zu Gesicht.

AUF EINEN BLICK	
Motor	Einzylinder-Zweitakt mit Umkehrspülung, luftgekühlt
Hubraum	143 cm³
Leistung	12,2 PS bei 5.800 U/min
Rahmen	Zentralkastenrahmen mit angeschweißtem Heckteil
Federung	vorn Teleskopgabel, hinten Schwinge
Bremsen	vorn und hinten Vollnabe, 160 mm
Endantrieb	gekapselte Rollenkette
Getriebe	5-Gang
Reifen	vorn 2.75-18, hinten 3.25-16
Tankinhalt	12,5 l
Höchstgeschwindigkeit	105 km/h
Stückzahl	198.016
Preis	3.240 Mark

Die ETZ 150 war ein Motorrad mit einem handlichen Fahrwerk und einer modernen Optik. 12-Volt-Elektrik, elektronische Zündung, H4-Licht und eine elastische Motoraufhängung gehörten zur Serienausstattung. Gegen Ende der Produktion erhielten die Standardmodelle Chromapplikationen, Drehzahlmesser und eine Scheibenbremse am Vorderrad. Features, wie sie sonst den De-luxe-Versionen vorbehalten waren. Beim Motor blieb es bei der Zweitakttechnik, mit einem Mischungsverhältnis von 1:50. Die Exportversion hatte zusätzlich eine Mikuni-Ölpumpe für die Getrenntschmierung. Den MZ-Technikern gelang es, dem Motorrad eine Leistungssteigerung auf 14,3 PS zu verpassen. Die um 5 km/h höhere Endgeschwindigkeit

bezahlte der Käufer mit mehr Kraftstoffverbrauch und einer biestigen Leistungscharakteristik. Jörg Feseke aus Wernigerode über den Standardmotor: „Ab 5.000 Umdrehungen erwacht er zum Leben!" Wer die 13-kW- und 15-kW-Variante der ETZ 250 kennt, der ahnt den Unterschied zwischen den beiden 150ern. Wie viele 14,3-PS-Moträder gebaut wurden, ist unbekannt. In den letzten Jahren der DDR war die 150er der Traum der motorradbegeisterten Jugendlichen. Wer 16 war und irgendwie das Geld aufbringen konnte, holte sich das Motorrad, meistens eine Gebrauchte. In der BRD lag die 150er dagegen jenseits des Führerscheinrechts. Dort gab es nur die gedrosselte Version mit 10 PS, und auch die erst ab 18. ■

Freude am Schalten brauchten die Besitzer der ETZ 125. Nachdem die ETZ 250 die TS 250 abgelöst hatte, waren die kleineren TS-Modelle noch weitergebaut worden. Mitte der 80er-Jahre erhielten auch sie Nachfolger in der ETZ-Baureihe. Die kleinen ETZ-Modelle hatten eine 5-Gang-Schaltung gegenüber vier Gängen bei den Pendants in der TS-Baureihe. Bei der ETZ 125 war es – wie bei der 150er – gelungen, das Konstruktionsprinzip der größeren ETZ 250 zu übernehmen. Dabei konnten sogar komplette Baugruppen, wie die Frontpartie, übertragen werden. Nur der Tank hatte ein deutlich anderes Aussehen. Die geschweißte Rahmenkonstruktion verbesserte die Verwindungssteifigkeit erheblich. In Prospekten

bezeichnete die DDR den Motor als „neuentwickelten Einzylinder-Motor", was bei einem genauen Datenvergleich sicher eine Übertreibung gewesen ist. Sebastian Köhler aus Blankenburg hat eine ETZ 125, Baujahr 1988, restauriert. In die Restaurierung hat er 1.500 Euro gesteckt. Seine Erfahrung über das legendäre Anspringen der MZ-Zweitakter nach jahrelangen Standzeiten: „Danach abwarten, bis sie warm gelaufen sind." Erst dann merke man, ob der Motor an den Simmerringen Fremdluft zieht. Mit den entsprechenden Folgen: erhöhter Spritverbrauch, Leistungsverlust. Auf extrem kurvigen Bergstrecken kann die ETZ 125 mit „Big Bikes" mithalten, vorausgesetzt der Fahrer hat Freude am Schalten. ■

AUF EINEN BLICK	
Motor	Einzylinder-Zweitakt mit Umkehrspülung, luftgekühlt
Hubraum	123 cm³
Leistung	10,2 PS bei 5.800 U/min
Rahmen	Zentralkastenrahmen mit angeschweißtem Heckteil
Federung	vorn Teleskopgabel, hinten Schwinge
Bremsen	vorn und hinten Vollnabe, 160 mm
Endantrieb	gekapselte Rollenkette
Getriebe	5-Gang
Reifen	vorn 2.75-18, hinten 3.25-16
Tankinhalt	13 l
Höchstgeschwindigkeit	100 km/h
Stückzahl	34.381
Preis	keine Angaben

Eigentlich war die ETZ 251 ein schickes Motorrad. Aber nach der Wende traf der Frust über die alte Zweitakt-Technik das neue Motorrad. Auch die ostdeutsche Fachpresse sang im Chor der Kritiker mit. Dabei hatten die Konstrukteure äußerste Kreativität bewiesen. Weil sich der Rahmen der ETZ 150 dem der ETZ 250 im Fahrverhalten als überlegen erwiesen hatte, war er für die 251 adaptiert worden. So musste die Technik der 250er in den kleineren Rahmen der 125er eingepasst werden. Der Kraftakt gelang mit einem neuen Zylinder, einem an-

Gegenüber liegende Seite: Das Ansprechverhalten der ETZ-Telegabeln ist hervorragend.
Kleines Bild links: aufgeschnittene Telegabel der ETZ-Baureihe.

deren Krümmer und einem umgestalteten Auspufftopf. Anteil am optimierten Design hatte ein Trick: Der Dreieckstank wurde etwas angeschrägt montiert, zusätzlich hatte er an der Unterseite einen angedeuteten Knick. Gegen die Kritiker half auch nicht, dass MZ das Standardmodell mit Ölpumpe, elektronischer Zündung und einer Scheibenbremse auslieferte. Für die West-Version war eine Drosselung auf 17 PS vorgesehen. Den Verkaufsstart verzögerten die dramatischen Ereignisse auf dem Platz des himmlischen Friedens in Peking. Die in Shanghai geplante Premierenpräsentation des MZ-Programms '89 musste verschoben werden. Die knappe Zeit bis zur Wende, in der die 251 in der DDR konkurrenzlos gewesen wäre, verkürzte sich um Wochen. ∎

Fast nur noch im Museum zu sehen: Die ETZ 251 in der Fahrzeugsammlung in Benneckenstein.

AUF EINEN BLICK	
Motor	Einzylinder-Zweitakt, luftgekühlt
Hubraum	243 cm^3
Leistung	21 PS bei 5.500 U/min
Rahmen	Zentralkastenrahmen mit angeschweißtem Heckteil
Federung	vorn Teleskopgabel, hinten Schwinge
Bremsen	vorn Scheibenbremse, 280 mm, hinten Vollnabe 160 mm
Endantrieb	gekapselte Rollenkette
Getriebe	5-Gang
Reifen	vorn 90/90-18, hinten 110/80-16
Tankinhalt	17,5 l
Höchstgeschwindigkeit	125 km/h
Stückzahl	68.259
Preis	5.210 Mark

1990–94

Geniale ETZ 301: Das handliche Fahrwerk wurde mit der Technik der 251 kombiniert.

AUF EINEN BLICK

Motor	Einzylinder-Zweitakt mit Umkehrspülung, luftgekühlt
Hubraum	291 cm³
Leistung	23 PS bei 5.500 U/min
Rahmen	Zentralkastenrahmen mit angeschweißtem Heckteil
Federung	vorn Teleskopgabel, hinten Schwinge
Bremsen	vorn Scheibenbremse, 280 mm, hinten Vollnabe, 160 mm
Endantrieb	gekapselte Rollenkette
Getriebe	5-Gang
Reifen	vorn 90/90-18, hinten 110/80-16
Tankinhalt	17 bis 24 l
Höchstgeschwindigkeit	135 km/h
Stückzahl	4.296
Preis	4.610 bis 4.910 DM
Besonderheiten	seitenwagentauglich, Gemischaufbereitung durch Bing-Rundschieber, 30 mm

Nach der Wende wechselten sich Hoffnung und Weltuntergangsstimmung ab im Zschopauer Motorradwerk. Es war heruntergewirtschaftet, aber die Mitarbeiter hochkarätige Fachleute. Ihnen gelang, was bei der ETZ 251 unmöglich erschienen war: Sie implantierten in das kleine, handliche Fahrwerk der ETZ 150 die Technik der 250er ein - und sie erhöhten die Leistung. Zwar nur um zwei PS, aber die steigerten die Höchstgeschwindigkeit um 10 km/h. Durch das Aufbohren des Zylinders war der Durchzug atemberaubend. Auf Bergstrecken kurvt der zweitaktende Eintopf noch heute jedes Big-Bike aus. Komfort gab es durch längere Federbeine. Die Standardversion ist wie die früheren De-luxe- und Exportmodelle ausgestattet gewesen. Die Basisversion lösten 1992 die „Fun" und die „Tour" ab, beide mit größerem Tank. Der kleine Windschutz hilft Fahrern bis 1,70 m Größe. Der Schwachpunkt ist der Simmerring zwischen Kurbelwelle und außen liegender Zündung. Wird er porös, zieht der Motor Fremdluft, der Spritverbrauch verdoppelt sich, die Fahrleistung sinkt. Simmerringe gibt es im Fachhandel. ETZ 301-Besitzer Max Beyer: „Andere Teile, wie der Bremsflüssigkeitsbehälter, sind im Internet und bei Ebay zu finden." 4.296 Motorräder dieses Typs (Basisversion, Fun und Tour) stellte der ehemalige Produktionsweltmeister her. Die 301 war zur falschen Zeit am falschen Ort auf den Markt gekommen. Heute ist sie eines der begehrtesten Motorräder aus der MZ-Zweitaktära.

Schwer zugänglich: Das Typenschild am Lenkkopflager.

Reduziert: Die früher ausführlichen Betriebsanleitungen wurden gestrafft.

Neue Technik für den Zweitakter: Der Bing-Vergaser für die ETZ 301 ist ein Westprodukt.

Seltene Exemplare: Die MZ 500 R, die eigentlich ein Polizei-motorrad hätte werden sollen.

AUF EINEN BLICK	
Motor	ohc-Viertakter, 4 Ventile, luftgekühlt
Hubraum	494 cm³
Leistung	27 PS bei 6.500 U/min
Rahmen	Zentralkastenrahmen mit angeschweißtem Heckteil
Federung	vorn Teleskopgabel, hinten Schwinge
Bremsen	vorn Scheibenbremse, 280 mm, hinten Vollnabe, 160 mm
Endantrieb	gekapselte Rollenkette
Getriebe	5-Gang
Reifen	vorn 90/90-18, hinten 110/80-16
Tankinhalt	17 l
Höchstgeschwindigkeit	140 km/h
Stückzahl	ca. 1.036
Preis	6.750 D-Mark

Die Situation war schon kurios: Kurz vor der Wende hatte MZ einen Viertaktmotor erfolgreich zur Serienreife entwickelt und dabei sogar einiges riskiert, denn sie hielten sich damit nicht an die Beschlüsse der Tagung „Fortschritt für den Motorradbau". MZ hatte darüber hinaus auch den passenden Rahmen und ein Fahrgestell für den Motor. Aber das Motorrad ließ sich nicht verkaufen, weil nach der Wende die Verkaufszahlen steil nach unten gingen und das Motorrad zu teuer geworden wäre. Andererseits musste MZ ein Viertakt-Motorrad bringen, wollte das Werk wenigstens die Chance auf ein Weiterbestehen wahren. Deshalb opferten sie dem Kostendiktat ihren eigenen Motor und kauften den Rotax-Motor ein. Der baute aber üppiger als der eigene Motor. Deshalb mussten die Zschopauer ziemlich tricksen, um Vergaser und Ansaugstutzen unterzubringen. Die Technik im kleinen Rahmen der ETZ 251 bzw. ETZ 300 war eng gebaut. Die Führung der Ansaugluft durch einen gewinkelten Stutzen verhinderte eine höhere Leistung. Die ersten mit Rotax-Motor ausgelieferten MZ 500 R hatten zwei Krümmer, später kamen die Einzylinder mit einem Krümmer aus. Wegen der schnellen Umstellung auf die Viertakt-motoren litten die ersten Serien unter Kinderkrankheiten beim Anlasserfreilauf und bei der Vergaser-abstimmung. Die MuZ 500 Fun, Tour und Country lösten 1992 die 500 R ab. Deren Verkaufszahlen von 1992 bis 1994 (2.408 Motor-räder) konnten an der wirtschaftlich katastrophalen Lage des in MuZ umbenannten Werks nichts ändern. ∎

MZ wollte die Nase vorn haben, zumindest für ostdeutsche Verhältnisse. Sich nicht die Butter vom Brot nehmen lassen, obwohl sie die Tagung zum „Fortschritt des Motorradbaus" im Sommer 1985 dazu gezwungen hatte. Der Plan für einen Viertaktmotor war ziemlich gewitzt. Erfahrungen wie man die Obrigkeit austricksen konnte, gab es aus der ostdeutschen Automobilindustrie. Ein neues Polizeimotorrad war schon länger im Gespräch gewesen. Dieses Dienstkrad wollten die Zschopauer mit dem Viertaktmotor ausstatten. Wenn die ganz Hohen vor der Wahl gestanden hätten, bei repräsentativen Ereignissen die Staatsgäste nicht länger die Luft der Zweitaktwelt atmen zu lassen, ausgehaucht von

der Zweirad-Eskorte, hätten sie sicher im Nachhinein alles gebilligt. Der Weg auf den zivilen Markt wäre dann nicht mehr unüberbrückbar gewesen. Doch die Wende warf den Plan über den Haufen. Polizeimotorräder gab es dann doch, aus wirtschaftlichen Gründen aber mit dem Rotax-Motor. Als Unterstützung für die Zschopauer orderte der Freistaat Sachsen Polizeimotorräder. Auch kommunale Ordnungsbehörden zogen nach. Die 500er galten als handlich und leicht zu beherrschen. Komfortabel war die Kombination aus Kick- und E-Starter. Zu jener Zeit zwang der Verkauf der Namensrechte das Zschopauer Motorenwerk dazu, unter der Bezeichnung MuZ zu firmieren. ■

AUF EINEN BLICK	
Motor	ohc-Viertakter, 4 Ventile, luftgekühlt
Hubraum	494 cm³
Leistung	27 PS bei 6.500 U/min
Rahmen	Zentralkastenrahmen mit angeschweißtem Heckteil
Federung	vorn Teleskopgabel, hinten Schwinge
Bremsen	vorn Scheibenbremse, 280 mm, hinten Vollnabe, 160 mm
Endantrieb	gekapselte Rollenkette
Getriebe	5-Gang
Reifen	vorn 90/90-18, hinten 110/80-16
Tankinhalt	17 l
Höchstgeschwindigkeit	145 km/h
Stückzahl	keine Angaben
Preis	D-Mark („Polizei")

MuZ 500 Silver Star
Klassisches Aussehen im britischen Stil

Oktober/November 2008: Die Silver Star war bei MZ in den Büroräumen abgestellt.

AUF EINEN BLICK

Motor	ohc-Viertakt-Einzylinder, vier Ventile, luftgekühlt
Hubraum	494 cm³
Leistung	34 PS bei 7.200 U/min, 27 PS bei 6.500 U/min
Rahmen	Zentralkastenrahmen mit angeschweißtem Heckteil
Federung	vorn Teleskopgabel, hinten Schwinge
Bremsen	vorn Scheibenbremse, 280 mm, hinten Vollnabe, 160 mm
Endantrieb	gekapselte Rollenkette
Getriebe	R-Gang
Reifen	vorn 90/90-18, hinten 110/80-18
Tankinhalt	13 l
Höchstgeschwindigkeit	140 km/h (34 PS), 135 km/h (27 PS)
Stückzahl	2.408 (Silver/Green/Red Star, Fun, Tour und Country)
Preis	8.995 DM (27 PS) und 9.295 DM (34 PS)

Es gab sie auch in Rot und Grün, als Red und Green Star. Aber zum heimlichen Kultmotorrad entwickelte sich die Silver Star. Allerdings erst, als sie schon nicht mehr produziert wurde. Sie ist das schönste Motorrad der Zschopauer Rotax-Ära. Für einige Fans sogar im Nachhinein das schönste Motorrad der MZ-Zweitaktära, was die Scorpion, Mastiff, Baghira und die MZ 1000 einschließt. Das kleine Kultbike gehörte zur selben 500er-Reihe wie die Tour, Fun, Country und Polizei. Die „Star" bot Eigenschaften, wie sie die Freunde moderner Klassiker mögen: schlank, leicht, handlich, traditionelles Design mit viel glänzendem Chrom und Rundinstrumenten, einen Einzylinder-Motor mit 500 cm³ Hubraum und ordentliche Fahrleistungen. Auch alte MZ-Werte, wie der gekapselte Endantrieb, waren erhalten geblieben. Der Name des Motorrads und sein Design sollten zumindest anfangs an die klassischen Einzylinder-Motorräder im britischen Stil

erinnern. Tatsächlich bekam die Baureihe auch viel Lob für ihr Aussehen. Aber Anerkennung und Verkaufszahlen sind nicht ein und dasselbe. An die Höchstgeschwindigkeit waren auch schon die Zweitakter herangekommen, mit nur zwei Drittel der PS-Leistung. Ein echtes Manko war der fehlende Hauptständer, der nur zusammen mit einem anderen Unterzug nachgerüstet werden konnte. Einige Star-Fahrer machten daraus eine ganz andere Tugend: Sie rüsteten die Star mit Seitenwagen aus. Vielleicht wurde sie deshalb so wenig gekauft, vielleicht aber auch, weil ihr der Ruf anhaftete, ein unkompliziertes Damenmotorrad zu sein, was Macho-Käufer von einem Kauf abgehalten haben mag. Oder weil sie die Zschopauer Werkleitung wegen hoch fliegender Pläne nicht genügend in die Öffentlichkeit rückte? Im Westen ist die Star weitgehend unbekannt geblieben. Obwohl sie gerade dort konservative Einzylinder-Freunde hätte ansprechen können. ■

Ausgezeichnete Skorpion: Der Verkaufserfolg blieb trotzdem aus.

Die Trophäen für die Skorpion sind rekordverdächtig. Sowohl die, die sie im Rennsport einfuhr, als auch die, die sie für ihr Design verliehen bekam. Auf die Verkaufszahlen haben sich diese Auszeichnungen nicht ausgewirkt. In die Skorpion-Ära fällt eine Aneinanderreihung kritischer Phasen bei MuZ. Das von den namhaften britischen Designern Seymour und Powell entwickelte, technisch anspruchsvolle Motorrad gab es in den Varianten Sport, Tour, Traveller, Replica und Cup. Die Skorpion des Typs Traveller wurde mit Vollverkleidung und Packtaschen ausgeliefert. Die Replica war eine modifizierte Sport, mit hochwertigen Fahrwerkelementen auf Rennsport getrimmt, während die Cup serienmäßig eine Rennmaschine

war, die sich auch zur Straßenmaschine zurückbauen ließ. Der Einzylinder-Motor stammte von Yamaha. Als die Entwicklung dieses MuZ-Motorrads anstand, hatte Geschäftsführer Korous die in Deutschland verfügbaren Einzylinder-Motoren gekauft und testen lassen. Die Entscheidung war zugunsten des Yamaha-Motors XTZ 660 ausgefallen. Die Skorpion-Baureihe meisterte sogar die strengen Zulassungsbestimmungen für die USA. 4.152 Motorräder wurden von allen Typen der Skorpion-Baureihe verkauft. Die Hoffnungen, die MuZ auf dieses anspruchsvolle Motorrad gesetzt hatte, haben sich nicht bestätigt. Zuletzt stand der Prototyp der Skorpion-Baureihe in Hohndorf an der Wand eines Großraumbüros. ■

AUF EINEN BLICK	
Motor	ohc-Einzylinder-Viertakt, fünf Ventile, luftgekühlt
Hubraum	659 cm³
Leistung	48 PS bei 6.250 U/min
Rahmen	Brückenrohrrahmen mit angeschraubtem Heckteil
Federung	vorn Teleskopgabel, hinten Zentralfederbeinschwinge
Bremsen	vorn Vierkolbenscheibenbremse, 316 mm, hinten Scheibenbremse, 240 mm
Endantrieb	Dichtringkette
Getriebe	5-Gang
Reifen	vorn 110/70 ZR 17, hinten 140/70 ZR 17
Tankinhalt	18 l
Höchstgeschwindigkeit	160 km/h (Replica 175 km/h)
Stückzahl	4.152 (gesamt)
Preis	ab 9.836 D-Mark

Perfekte Adaption: Die MZ-Motorräder mit Yamaha-Motor waren dem Supermoto angepasst.

AUF EINEN BLICK	
Motor	ohc-Viertakt mit fünf Ventilen, luftgekühlt
Hubraum	659 cm³
Leistung	50 PS bei 6.500 U/min
Rahmen	Rohrrahmen mit angeschraubtem Heckteil
Federung	vorn Teleskopgabel, hinten Zentralfederbeinschwinge
Bremsen	vorn Vierkolben-Scheibenbremse, 298 mm, hinten Scheibenbremse, 245 mm
Endantrieb	Dichtringkette
Getriebe	5-Gang
Reifen	vorn 120/60 ZR 17, hinten 150/60 ZR 17
Tankinhalt	12,5 l
Höchstgeschwindigkeit	165 km/h
Stückzahl	5.015 (Mastiff und Baghira)
Preis	ab 12.500 DM (Baghira ab 10.750 DM)

Die Adaption gelang perfekt. Vielleicht zu perfekt. Im Juni 1997 erfolgte der Serienanlauf der Baghira und Mastiff, neben der Skorpion die Ergänzung fürs Gelände. Die Mastiff galt als Funbike, die Baghira als Enduro. Den Einsatzzwecken waren auch die hervorragenden Fahrwerke angepasst. Der Auftritt der beiden Einzylinder zielte eindeutig auf den damals seit zehn Jahren im Aufstreben begriffenen Supermoto-Sport mit Wertungen auf Asphalt und Offroad. Das Baukastensystem von MuZ ließ unterschiedliche Ausstattungsvarianten zu, auch im „Tausch" gegen Teile des anderen Modells. Von der Mastiff kamen bei der Baghira-Variante HR die Gabel und die Federbeine, auf Wunsch gab es sie sogar tiefer gelegt.

Die beiden MuZ-Motorräder gestalteten Oliver Neuland und Masanori Hiraide. Von der Yamaha XTZ 660 Ténéré stammte das Triebwerk, wahlweise mit 34 und 50 PS. Es hatte auch schon die Skorpion in Schwung gebracht. Seine Stärke war die gleichmäßige Leistungsabgabe. Genau darin sahen Kritiker ein Haar in der Suppe, eine Supermoto benötige bissige Aggressivität. An dieser Kritik kann es nicht gelegen haben, dass MuZ von allen Modellvarianten dieser vielseitigen Baureihe nicht mehr Motorräder verkaufen konnte. Vielleicht wäre ein symbolischer Preis knapp unterhalb der fünfstelligen DM-Grenze hilfreich gewesen. Oder ein kooperativeres Auftreten gegenüber der Presse. Oder weniger Gerede um die 1000er … ■

In Zschopau entwickelt: Der Motor mit 125 cm³ Hubraum und 15 PS.

Die Kleine war ein großer Wurf. Ihr Name erinnerte an die ersten IFA- und MZ-Modelle der Nachkriegszeit. Fast auf den Tag genau 50 Jahre danach ist die neue RT 125 das beste Motorrad der Viertaktära bei MZ. Trotz Fahrkomfort und gutem Handling blieben die Verkaufszahlen allerdings weit hinter den Erwartungen zurück. Der wassergekühlte Motor mit zwei oben liegenden Nockenwellen und kontaktloser Kondensatorzündung galt als einer der modernsten und leistungsstärksten in der Achtelliterklasse. Er war in Zschopau entwickelt und zur Serienreife gebracht worden. Die RT 125 gab es in einer Straßen-, Enduro (SX)- und Street Motor (SM)-Version. Die Straßenversion wurde 1999 angekündigt, im Jahr darauf begann die Produktion. Der Serienanlauf der SX und SM folgte im März bzw. April 2001. 1999 erhielten die Zschopauer die Rechte am Marken- und Firmennamen MZ zurück. Die RT- Straßenversion wurde deshalb noch unter dem Namen MuZ präsentiert, die Folgemodelle wieder als MZ-Motorräder. Offensichtlich hält auch der neue Geschäftsführer des Zschopauer Motorenwerks Martin Wimmer viel von der RT 125. Nach einem Bericht im *Motorradfahrer* 8/2009 planen die Zschopauer die Wiederaufnahme der Motorradproduktion mit aktualisierten Straßen- und Enduromodellen dieser RT 125. Schon im August 2009 werde es so weit sein, heißt es. Wenn bis dahin die Kredite und Bürgschaften durch das Land Sachsen für den Produktionsanlauf stehen. ◼

AUF EINEN BLICK	
Motor	dohc-Viertakt-Einzylinder mit vier Ventilen, wassergekühlt
Hubraum	124 cm³
Leistung	15 PS bei 9.000 U/min
Rahmen	unten offener Rohrrahmen
Federung	vorn Teleskopgabel, hinten Zentralfederbeinschwinge
Bremsen	vorn Scheibenbremse, 280 mm, hinten Scheibenbremse, 220 mm
Endantrieb	Rollenkette
Getriebe	6-Gang
Reifen	vorn 90/90-21, hinten 120/80-18
Tankinhalt	13,5 l
Höchstgeschwindigkeit	110 km/h
Stückzahl	keine Angaben
Preis	6.890 DM

MZ 1000 S
Ein großer Wurf oder der Genickbruch?

MZ 1000: Zu groß für einen kleinen Hersteller?

AUF EINEN BLICK	
Motor	dohc-Viertakt-Paralleltwin,
	4 Ventile pro Brennraum,
	wassergekühlt
Hubraum	996 cm³
Leistung	117 PS bei 9.000 U/min.
Rahmen	Doppelrohr-Brückenrahmen
Federung	vorn Teleskopgabel,
	hinten Zentralfederschwinge
Bremsen	vorn Doppelscheiben-
	bremse, 320 mm, hinten
	Scheibenbremse, 240 mm
Endantrieb	Rollenkette
Getriebe	6-Gang
Reifen	vorn 120/70 ZR 17,
	hinten 180/55 ZR 17
Tankinhalt	20 l
Höchstgeschwindigkeit	246 km/h
Stückzahl	keine Angaben
Preis	11.990 Euro

Ein Hubraum von 1.000 cm³ ist das Maß aller Dinge. So könnte MZ-Geschäftsführer Petr-Karel Korous gedacht haben. Ron Lim von Hong Leong sekundierte, die Zukunft von MZ wäre die 1000er. Die hatte aber bei der Motorenentwicklung gar nicht auf der Agenda gestanden. Zusammen mit Swiss-Auto und der Firma Weber aus Süddeutschland wollte MZ einen 750er bauen. Als er sich als nicht standfest erwies, machte MZ allein weiter. Was herauskam, war der wassergekühlte Twin mit 1.000 cm³ und geregeltem Katalysator. MZ präsentierte das Vorserienmodell im Jahr 2000. Das Fahrgestell bestand aus einem Doppelrohr-Brückenrahmen aus Chrom-Molybdänstahl. An der Upside-down-Gabel sind Zug- und Druckstufe einstellbar. Die MZ 1000 gab es als

S (Sport), SF (Streetfighter) und ST (Sporttourer). Die Kraftentfaltung bei unteren Drehzahlen verbesserten die Zschopauer durch ein modifiziertes Motormanagement. Die Auslieferung verzögerten Mängel an Bauteilen von Zulieferern. Erst 2003/2004 kam die erste Maschine in den Handel. Sie war ein Bruch mit der alten Einzylinder-Tradition. Ob sie MZ langfristig zum Durchbruch hätte verhelfen können, bleibt Spekulation. Die MZ 1000 ist inzwischen Geschichte. Auch die Motorenwerke Zschopau werden die Produktion des Big-Bikes nicht fortsetzen. Geschäftsführer Martin Wimmer: „… letztlich war die 1000er … für einen kleinen Hersteller wie MZ zu groß, sie war auch ein Schritt in die falsche Richtung." (*Motorradfahrer* 8/2009)

Modernes Cockpit: Die Kombination aus analogen und digitalen Anzeigen.

Geschichte: Die 1000er gab es in unterschiedlichen Ausführungen. MZ liefert noch Ersatzteile.

73

Eine MZ-ETZ 125, zwei Schwalben und ein Simson-Mokick: Oldtimertreffen finden in Ostdeutschland fast jedes Wochenende statt, hier in Badeborn im ostwärtigen Harzvorland.

Fehlentscheidung über die „AWO"

Suhl gilt als Zentrum mechanischer Meisterleistungen. Der Name Simson steht für eine lange Tradition als Auto-, Motorrad- und (Jagd-)Waffenhersteller. 1912 begann die Produktion des Pkw Simson A, 1918 war das Simson-Werk der größte Arbeitgeber in Suhl. Die Nazis enteigneten die jüdischen Besitzer und änderten den Namen in „Gustloff-Werk". Eine reelle Entschädigung hat die von den Nazis enteignete Familie Simson, nach deren Namen die Motorräder benannt waren, nie erhalten. Nach dem Krieg demontierte die Sowjetunion das Inventar und machte die Gebäude fast vollständig dem Erdboden gleich. Die Reste gliederten sie am 5. März 1947 in die SAG AWTOWELO Moskau, Zweigstelle Weimar, ein. Offiziell hieß das Werk „Suhler Fahrradfabrik der Sowjetischen Staatlichen AG Awtowelo". Gebräuchlich wurden zwei Kurzbezeichnungen: SAG, Werk Simson und AWTOWELO, Werk Simson, und im Volksmund einbürgern sollte sich der Begriff „AWO".

1948 befahlen die Sowjets, dass im Werk ein Mittelklassemotorrad zu entwickeln sei. Daraus entstand die „AWO 425". Sie gilt als eines der besten und schönsten in der DDR gebauten Motorräder.

Nach der Rückführung des „Betriebs SAG AWTOWELO Werk vorm. Simson & Co; Suhl (Thür.)" in deutschen Besitz erhielt das Werk am 1. Mai 1952 die Bezeichnung „VEB Fahrzeug und Gerätewerk Simson Suhl". 1961 erging von übergeordneter Stelle die Weisung, in Suhl nur noch Zweitakter mit kleinem Hubraum herzustellen. Die Entscheidung wird als eines der schwärzesten Kapitel in der DDR-Kraftfahrzeuggeschichte angesehen. Der Januar 1962 war der letzte Produktionsmonat der „AWO".

Ab 1. Januar 1968 erfolgte der Zusammenschluss mit dem Suhler Jagdwaffenwerk zum VEB Fahrzeug- und Jagdwaffenfabrik „Ernst Thälmann" (FAJAS). Zusammen mit dem VEB Motorradwerk Zschopau und dem MiFa Fahrradwerk Sangerhausen wurde der Betrieb 1970 in das IFA-Kombinat für Zweiradfahrzeuge Suhl eingegliedert. Ein Vorgang, der von gewissen Befindlichkeiten begleitet war. Die Suhler glaubten, MZ hätte die Produktion der „AWO" hintertrieben – und MZ wusste, dass die Suhler das dachten.

Nach dem Aus für die „AWO" wurden in Suhl nur noch Zweiräder der Moped-Klasse hergestellt. Die waren dort auch schon vorher gebaut worden. Bereits 1953 hatte das Maschinenbau-Ministerium der DDR entschieden, dass Suhl der Standort für die zukünftige Großserienfertigung der Mopeds ist. Zwischen 1955 und 1990 wurden bei Simson über fünf Millionen Krafträder produziert. Mitte der 80er-Jahre verließen täglich rund 800 Roller und Mokicks das Werk. Die Jahresproduktion lag bei etwa 200.000 Fahrzeugen.

Stunt im Stand: Das Aufsteigen der Simson erfolgt im Stand, während die anderen langsam vorbei rollen.

Der hier aufgeschnitten zu sehende Simson-Mokick-Motor war einfach gebaut und standfest.

Exportiert wurde in 45 Länder. Nach der Wende ergab sich daraus für Suhl ein spezielles Problem: Während im Osten die Zweiräder von Simson für alle Altersgruppen den Charakter von Nutzfahrzeugen hatten, war im Westen das Zweiradsegment mit den kleinen Hubräumen die Domäne der Jugendlichen und Heranwachsenden. Eine Zielgruppe, deren Vorlieben und Präferenzen kurzlebigen Modetrends unterworfen sind.

Die Zweiräder aus Suhl waren weder überbordend bekannt, noch waren sie eine Label-Marke. Als die Wende kam, war das Suhler Fahrzeugsegment nicht gerade eine Empfehlung für den Erfolg in der kapitalistischen Marktwirtschaft. Einen Status trächtigen Markennamen hätte Simson haben können, wenn die mit der AWO 425 begonnene Viertaktproduktion Anfang der 60er-Jahre mit Folgemodellen fortgesetzt worden wäre. Simson wurde von der Treuhand abgewickelt und als Suhler Fahrzeugwerk GmbH neu gegründet. Nach mehreren Beinahe-Insolvenzen und Umstrukturierungen musste der Betrieb am 28. Juni 2002 endgültig aufgeben. Als zu DDR-Zeiten im Simson-Werk Hochkonjunktur herrschte, waren dort 7.500 Mitarbeiter beschäftigt. Zuletzt waren es 80.

Inzwischen erkennt auch der Westen die Vorzüge der Zweiräder aus Suhl. Simson-Mopeds, die bis 28. Februar 1992 zugelassen wurden, dürfen eine Höchstgeschwindigkeit von 60 km/h haben. Damit lässt sich im Stadtverkehr gefahrloser mitfahren, als mit Geschwindigkeiten, die unter dem Pkw-Niveau liegen. Nach der Wende war der Versuch gescheitert, bei der Bundesregierung in Bonn eine Gesetzesänderung in

diesem Sinne zu erreichen. Sie hätte auch die Marktchancen der Simsons verbessert. Gerüchten zufolge werden deshalb alte Mokicks und Roller auf Bestellung geklaut und in den Westen verschoben. Eine Tatsache ist jedenfalls, dass informierte Kreise von einem Anstieg der Diebstähle in einem Streifen östlich der ehemaligen innerdeutschen Grenze berichten.

Die Ersatzteilversorgung für die „Simmen" gilt als gesichert. Nur beim SR 1 deuten sich erste Engpässe an. Es gibt gebrauchte, regenerierte und nachgebaute Teile. Letztere allerdings in unterschiedlicher Qualität. Fündig wird der Suchende im Internet, auf Oldtimermärkten oder in den Simson-Werkstätten. Dieter Ruderisch, Restaurator ost- und westdeutscher Motorräder im thüringischen Wichtshausen, zog einen Sack mit Simson-Teilen aus einem Alteisencontainer. Ein Freund hatte ihm den Tipp gegeben, den habe dort ein Unbekannter versenkt. Unter den Teilen fand sich auch einer der seltenen und deshalb teuer gewordenen Benzinhähne mit Doppelfunktion für den KR 50 (siehe Seite 94). Der Unbekannte hatte wohl keine Ahnung, welches Kleinod er weggeschmissen hat.

Trotz aller Konkurse: Die AWO wird wieder gebaut. Im Suhler Simson-Werk. Gleich hinter dem „unteren Tor", wie Einheimische das Tor B zum Simson-Werkgelände nennen. Dort ist seit 2002 das Zweiradhaus Suhl ansässig. Ein Betrieb, der sich auf alle Zweiräder aus der Nachkriegsproduktion des Suhler Werks spezialisiert hat: Auf deren Wartung, die Teilebeschaffung und den Neuaufbau der bei AWO und Simson hergestellten Motorradtypen, mit regenerierten Teilen und Neuteilen. Inzwischen hat der Betrieb von Klaus-Dieter Ruck in den ehemaligen Werkhallen hinter dem Tor B die alten Simson-Klassiker in Kleinserie und auf Kundenbestellung neu aufgelegt. Der restaurative Neuaufbau einer originalen Schwalbe kostet 1.800 Euro, der einer neuwertigen AWO etwa 6.500 Euro.

1845 Kauf eines Stahlhammers durch die Brüder Simson

1856 Produktion von Holzkohlestahl durch die Firma Simson & Co.

1896 Fahrradproduktion beginnt

1907 Autoproduktion läuft

1936 Familie Simson wird von den Nazis enteignet und flieht ins Ausland, Motorradproduktion startet

1939 Umbenennung in „Gustloff-Werke – Waffenwerk Suhl"

1945 Demontage des Werks

1946 Eingliederung des Werks in SAG AWTOWELO

1948 Sowjetischer Auftrag zum Bau eines 250-cm³-Motorrades mit Viertaktmotor

1952 Rückgabe des Werks durch die Sowjets und Umbenennung in VEB Fahrzeug- und Gerätewerk Suhl

1953 Standortentscheidung des Maschinenbauministeriums für Suhl als Zentrum des Mopedbaus

1955 Mopedfertigung läuft an

1961 Ende der Motorradmontage

1968 Zusammenschluss mit VEB Ernst-Thälmann-Werk zum VEB Fahrzeug- und Jagdwaffenwerk Ernst Thälmann Suhl

1990 Abwicklung durch die Treuhandanstalt

1992 Ehemalige Mitarbeiter kaufen das Werk

1998 Simson Zweirad GmbH übernimmt die Produktion

2002 Insolvenz von Simson

2003 Konkurs-Versteigerung

Der Simson Star an exponierter Stelle im Zweiradmuseum in Suhl

Erhalten geblieben: Das Simson-Markenzeichen, am ehemaligen Werk in Suhl.

Das Typenschild des Simson Star mit der Typbezeichnung SR 4-2/1

Nur das Nötigste: einfache Simson-Instrumentierung des Stars.

Kunstvoll gestaltet: Das Emblem am SR-Moped

Namenswechsel: Erst hieß der „Dampfhammer"
AWO 425, dann …

… Simson 425. Im Volksmund blieb es bei „AWO".

Vogelfamilie ohne Schwalbe: Simson Spatz, Simson Star, Simson Habicht und Simson Sperber (von rechts).

AWO 425: Sie war auf russischen Befehl gebaut worden. Die beste Zeit des DDR-Motorradbaus …

AUF EINEN BLICK	
Motor	Einzylinder-Viertakt, luftgekühlt
Hubraum	247 cm³
Leistung	12 PS bei 5.500 U/min
Rahmen	geschlossener Stahlrohrrahmen mit doppeltem Unterzug
Federung	vorn Teleskopgabel, hinten Geradwegfederung
Bremsen	vorn Halbnaben, 160 mm, hinten Halbnaben, 180 mm
Endantrieb	Kardanwelle
Getriebe	4-Gang
Reifen	vorn und hinten 3.25-19
Tankinhalt	12 Liter
Höchstgeschwindigkeit	100 km/h
Stückzahl	124.000 (AWO gesamt)
Preis	2.420 Mark

D ie AWO-Zeiten waren die besten! So erinnert sich der Inhaber eines privaten IFA-Servicebetriebs Wolfgang Otto, dessen Wernigeroder Motorradwerkstatt im Familienbesitz geblieben ist. Wegen dieser guten Zeit war die AWO ein Trauerspiel: Weil ihre Produktion nach 13 Jahren endete. Ersatzlos. Die Eckdaten dieses Motorrads hatten 1948 die Sowjets diktiert: 250 cm³ Hubraum, 12 PS, Einzylinder-Viertaktmotor, Vierganggetriebe, Kardanwelle, geschlossene Teleskopfederung. Das waren damals revolutionäre Konstruktionsmerkmale. „AWO" stand für Awtowelo, die „4" für den Viertakt-Motor und die „25" für 250 cm³ Hubraum. Die Ausführung des Produktionsbefehls oblag dem Suhler Zweiradwerk. Der Einzylinder hatte einen geteilten Zylinderkopf, in dem die Ventile v-

förmig hängend angeordnet waren. Im Juli 1949 waren drei Versuchsmuster fertig, am 21. Dezember 1950 lieferte das Werk die 1.000ste AWO 425 aus. Empfänger der in ihrer Urform einsitzigen Motorräder war die Besatzungsmacht. Ab 1951 durften dann auch ostdeutsche Behörden AWOs in Empfang nehmen. In Ermangelung von Prüfständen waren die Motorräder vorher noch auf der Landstraße eingefahren worden. Die Einfahrstrecke führte von Suhl Richtung Meiningen und endete am Ortseingang von Wichtshausen. ■

Tragisch: Am Ende der frühen AWO-Produktion stand die moderne „Sport". Sie wäre zukunftsweisend gewesen.

Ungewöhnlich: Der Drehzahlmesser zeigt entgegen dem Uhrzeigersinn an.

Eine Familie: Zur 425-Baureihe gehörten auch die Tour (rechts) und – später – die modernisierte Sport (links).
Vom Basismodell waren die RS, GS und Eskorte abgeleitet.

Absolute Rarität: Die AWO-Rennmaschine war anfangs westlichen Motorrädern überlegen.

Nach über einem halben Jahrhundert umgibt die AWO RS noch immer der Hauch eines Geheimnisses. Baujahre, Stückzahlen, Höchstgeschwindigkeit – das sind Daten, die Fragen aufwerfen und Antworten offen lassen, zumindest teilweise. Bekannt ist, dass Zylinderkopf, Zylinder und Ölwanne aus Leichtmetall gefertigt waren. Ein verripptes Zwischenstück am Ölwannendeckel verbesserte die Kühlung und erweiterte das Füllvolumen um einen halben Liter. Minol spendierte in den Fahrerlagern den Kraftstoff, die „Klingelbrühe" (Benzin) hatte nicht die Oktanzahl für die Verdichtung von 10:1. Das Gemisch erzeugte ein BVF-Rennvergaser. Die Übersetzung des Renngetriebes scheint allerdings ein Problem gewesen zu sein. Überlieferungen zufolge wurde

das Motorrad mit unterschiedlichen Reifengrößen der Geschwindigkeitscharakteristik des jeweiligen Rennkurses angepasst. Erstmals vermeldete die ostdeutsche Presse das Auftreten von zwei AWO-Rennmaschinen auf dem Rostocker Osthafenkurs am 20. April 1952. Damit hätten sich Gerüchte bewahrheitet, wonach die Suhler in aller Stille während des Winters zwei Rennmaschinen gebaut hätten. Waren das Vorserienmaschinen? Denn der Auftrag über eine Kleinserie von 15 Motorrädern für regionale Motorsportorganisationen erging erst 1953. Das Foto der hier abgebildeten RS entstand bei einem Oldtimertreffen in Hasselfelde. Weil das Motorrad – typischerweise – über keinen Ständer verfügt, konnte es nur auf einem Anhänger ausgestellt werden. ■

AUF EINEN BLICK	
Motor	Einzylinder-Viertakt, luftgekühlt
Hubraum	247 cm^3
Leistung	24 PS bei 8.000 U/min
Rahmen	geschlossener Stahlrohrrahmen mit doppeltem Unterzug
Federung	vorn Teleskopgabel, hinten Geradweg mit Reibungsdämpfung
Bremsen	Vollnabe, 180 mm
Endantrieb	Kardanwelle
Getriebe	4-Gang-Rennübersetzung
Reifen	vorn 2.5-19, hinten 3.0-19
Tankinhalt	20 l
Höchstgeschwindigkeit	150 bis 160 km/h
Stückzahl	15

Beliebt und begehrt: Die AWO bzw. Simson 425 T galt als eines der schönsten DDR-Motorräder.

AUF EINEN BLICK	
Motor	Einzylinder-Viertakt, luftgekühlt
Hubraum	247 cm³
Leistung	12 PS bei 5.500 U/min
Rahmen	geschlossener Stahlrohrrahmen mit doppeltem Unterzug
Federung	vorn Telegabel, hinten Geradweg-Reibungsdämpfung
Bremsen	vorn und hinten Trommel, 180 mm
Endantrieb	Kardanwelle
Getriebe	4-Gang
Reifen	vorn und hinten 3.25-19
Tankinhalt	12 l
Höchstgeschwindigkeit	100 km/h
Stückzahl	124.000 (AWO gesamt)
Preis	2.420 Mark

Während der Produktion des Viertakt-Motorrades wechselte der Herstellername von AWO in Simson, eine Folge der Ausgliederung des Suhler Zweiradwerks aus dem Awtowelo-Verband und dessen Überführung in ostdeutsche Verwaltung. Auch nach der Umbenennung in Simson blieb der Einzylinder im Volksmund bis heute die „AWO". Im Verlauf ihrer Produktion gab es die AWO/Simson 425 in mehreren Ausführungen. Aus der Basisversion entstand die T (Tour). 1952 erhielt die Telegabel eine hydraulische Dämpfung, 1954 der Auspuff eine Zigarrenform und der Antriebsblock ein besser zu schaltendes Getriebe. Den BVF-Flachschieber ersetzte ab 1955 ein BVF-Rundschieber, die hintere Federung bekam eine Reibungsdämpfung. Die Tour behielt den Motor mit 12 PS, während die Leistung der Sport gesteigert wurde. Aufgrund ihres niedrigen Schwerpunkts sind die Motorräder mit gestuften Einzelsitzen im Ein-Personen-Betrieb besonders handlich zu fahren. Neben den Behörden hielten Betriebe die „AWO" in ihrem Fuhrpark, deren Personal längere Strecken fahren mussten wie die Materialeinkäufer und Kundendienstmitarbeiter. Privatpersonen hatten in der ersten Hälfte der 50er-Jahre nur selten die Möglichkeit, eine AWO zu beziehen. Allein schon der Neupreis im Verhältnis zu den damaligen Gehältern begrenzte den in Frage kommenden Käuferkreis. ■

Zuverlässig: V-förmig hängende Ventilanordnung und die Magnetzündung.

„Notlösung": Weil es keine Ketten gab, erfolgte der Endantrieb durch eine Kardanwelle.

Simson „AWO" 425 S
Der Konkurrenz voraus

Die 425: Den BRD-Motorrädern überlegen, den Japanern voraus und mit den Briten gleichauf.

Drei Jahre nachdem die Sowjets das Suhler Zweiradwerk aus dem Awtowelo-Verband entlassen hatten, wechselte der Typenname. Auch auf dem Tankemblem war aus der AWO die Simson 425 geworden. 1955 bauten die Suhler die 425 S (Sport). Das Fahrwerk bestand vorne aus einer langhubigen, hydraulisch gedämpften Teleskopgabel, hinten aus einer Schwingenfederung mit Federbeinen. Durch das Überarbeiten des Zylinders und des Zylinderkopfs steigerten die Techniker die Leistung zunächst auf 14 PS bei 6.300 U/min, im letzten Produktionsjahr durch einen neuen Kolben und Zylinder sogar auf 15,5 PS. Ein gummigelagerter Antrieb verringerte die Schwingungen. Die 425 S wurde zunächst mit einer Sitzbank ausgeliefert. Dann gab es sie mit zwei gepolsterten Einzelsitzen. Sie verlagern den Schwerpunkt nach oben, wodurch das Handling etwas sensibler ist. Die Leistungssteigerung der Sonderausführung „Eskorte" mit 350 cm³ Hubraum und 23 PS gab es in begrenzter Anzahl als Nachrüstsatz auch auf dem zivilen Markt. Die „AWO" war der westdeutschen Konkurrenz überlegen, den Japanern um Jahre voraus und mit den Briten gleichauf. Ein Wettbewerbsvorteil, den die DDR ohne Not verspielte. Der Januar 1962 war der letzte Produktionsmonat. An die Zeit danach erinnern sich „AWO"-Besitzer nur ungern. Auf Ersatzteile mussten sie oft Monate warten. Die Simson-Werker ließen sich nie davon abbringen, die Zschopauer hätten das Aus der „AWO" initiiert. ■

Design der Sport: Um Jahre voraus.

Neues Emblem: Die Bezeichnung „AWO" verschwand aus der Beschriftung des Tanks.

AUF EINEN BLICK	
Motor	Einzylinder-Viertakt, luftgekühlt
Hubraum	247 cm³
Leistung	15,5 PS bei 6.800 U/min
Rahmen	geschlossener Stahlrohrrahmen mit doppeltem Unterzug
Federung	vorn hydraulisch gedämpfte Telegabel, hinten Schwinge mit Federbeinen
Bremsen	vorn und hinten Trommel, 180 mm
Endantrieb	Kardanwelle
Getriebe	4-Gang
Reifen	vorn und hinten 3.25-18
Tankinhalt	16 l
Höchstgeschwindigkeit	110 km/h
Stückzahl	84.600
Preis	3.200 Mark

Geburtstag einer Rarität: Das letzte Herstellungsjahr der GS jährte sich 2009 zum 50. Mal.

AUF EINEN BLICK	
Motor	Einzylinder-Viertakt, luftgekühlt
Hubraum	247 cm³
Leistung	17,5 PS bei 7.200 U/min
Rahmen	geschlossener Stahlrohrrahmen mit doppeltem Unterzug
Federung	vorn Teleskopgabel, hydraulisch gedämpft, hinten Schwinge mit Federbeinen
Bremsen	vorn und hinten Vollnabe, 180 mm
Endantrieb	Kardanwelle
Getriebe	4-Gang
Reifen	vorn 3.5-19, hinten 4.0-18
Tankinhalt	16 l
Höchstgeschwindigkeit	ca. 110 km/h
Stückzahl	vermutlich zwischen 60 und 80

Ob die Simson 425 GS über den Vertrieb oder die HO auch an Privatpersonen verkauft wurde, ist umstritten. Genauso, wie es unterschiedliche Angaben über die Anzahl der gebauten Motorräder gibt. Zumal in Suhl gegen Ende der „AWO"-Produktion auch eine Kleinstserie von Geländemotorrädern mit 350 cm³ Hubraum aufgelegt wurde, die Simson dem Wachregiment in Berlin zur Verfügung gestellt haben soll. Die von der „AWO" abgeleiteten Enduros mit 250 cm³ Hubraum waren angeblich nur für den Export und für staatliche Motorsportclubs vorgesehen. Auf diesem (Um-)Weg mögen sie dann in Privatbesitz gelangt sein. Allerdings behauptet eine erhalten gebliebene Pressemeldung unbekannter Herkunft,

die GS käme in den Handel. Der Anlass für den Bau der Enduros war die Beliebtheit des Geländesports in der DDR. Die GS hatte einen durch Querstreben verstärkten Lenker und ein stabileres Fahrwerk. Der Auspuff mit gelochtem Verbrennungsschutzblech war nach oben verlegt. Die Ausschreibung für die Teilnahme am Geländesport verlangte, dass die Motorräder der Zulassungsordnung entsprachen und ein amtliches Kennzeichen hatten. Außerdem mussten die Motorräder Einsitzer sein. Die Werkmannschaft aus Suhl holte sich bei den DDR-Geländemeisterschaften mit der GS sechs Mal den ersten und fünf Mal den zweiten Platz, bei der ADAC-Trophy im Allgäu mehrere Silbermedaillen. ∎

Wozu Simson imstande war, dokumentiert die „Eskorte". Sie war der westlichen und fernöstlichen Konkurrenz überlegen und danach noch jahrelang mindestens ebenbürtig. Telegabel, Viertaktmotor, 350 cm³ Hubraum, 23 PS und eine Höchstgeschwindigkeit von 130 km/h waren die technischen Eckdaten. Das war 1957. Aber die „Eskorte" war nur in Kleinserie hergestellt worden, von der sogenannten Simson-Kleinserienabteilung. Geliefert wurden die 30 Motorräder an das ostdeutsche Innenministerium. Die Fahrer der Maschinen waren Polizisten, die eine Ausbildung im Eskortedienst hatten. Ganz einfach kann dieser Dienst beim langsamen Formationsfahren mit der Simson nicht gewesen sein. Durch den aufgepolsterten Ein-Personen-Sitz verlagerte sich der Schwerpunkt gegenüber den zivilen Vorgängermodellen deutlich nach oben, was die Handlichkeit verringert, vor allem, wenn im Schritttempo gefahren werden muss. Obwohl die Eskorte ausschließlich eine Behördenmaschine war, konnten die Fahrer einiger Simson 425 S den Leistungssteigerungssatz im Fachhandel erwerben. Die Motorräder wurden bis 1967 bei repräsentativen Anlässen eingesetzt. Danach ersetzte sie das Innenministerium durch neue Eskorte-Motorräder mit Einzylinder-Zweitaktmotoren von MZ aus Zschopau. Die machten das Langsamfahren nicht einfacher, wegen der Aussetzer bei niedrigen Drehzahlen. ■

AUF EINEN BLICK	
Motor	Einzylinder-Viertakt, luftgekühlt
Hubraum	350 cm³
Leistung	23 PS bei 6.000 U/min
Rahmen	geschlossener Stahlrohrrahmen mit doppeltem Unterzug
Federung	vorn Teleskopgabel, hydraulisch gedämpft, hinten Schwinge mit Federbeinen
Bremsen	vorn und hinten Vollnabe, 180 mm
Endantrieb	Kardanwelle
Getriebe	4-Gang
Reifen	vorn und hinten 3.25-18
Tankinhalt	16 l
Höchstgeschwindigkeit	130 km/h
Stückzahl	30
Preis	keine Angaben

Begrenzter Komfort: Die vordere Schwinggabel und die Gummipuffer fingen die Stöße ab.

Mopedbegeistert: Annett Kroon auf ihrem SR 1, mit ihrem Partner Frank und Sohn Leon.

Getriebe: Die zwei Gänge schalteten Fahrerin oder Fahrer mit der linken Hand.

Die Suhler waren nicht begeistert, als ihnen im Herbst 1953 die Mopedproduktion zugewiesen wurde. Lieber hätten sie die AWO weiterentwickelt. Doch der VEB musste sich der Obrigkeit beugen. Der Motor des SR 1 war in Zschopau konstruiert worden. Allerdings erfolgte die Serienfertigung des Motors dann nicht etwa an seinem Entstehungsort oder in Suhl, sondern bei Rheinmetall in Sömmerda. „SR" stand für Simson und Rheinmetall, die Ziffer „1" für das erste Moped aus dieser Kooperation. Der vordere Schwinghebel und die hintere Gabelschwinge waren in Gummi gelagert, mit dem gummigelagerten Sattel ergab sich daraus ein verträglicher Fahrkomfort. Verchromte Naben, Alufelgen und eine mehrfarbige Lackierung steigerten die Attraktivität des SR 1.

Im Juli 1955 kamen die ersten SR 1 für 990 Mark in den Handel. Die Nachfrage überstieg sofort die Planzahlen. Gestartet wurde der Motor, indem man einen Gang einlegte, die Kupplung zog, im Tretbetrieb anfuhr und dann die Kupplung kommen ließ. Das ging auch im aufgebockten Zustand, war aber wegen des „biegsamen" Hauptständers nicht empfehlenswert. Für das Restaurieren des SR 1 von Annett Kroon brauchte ihr Partner Frank zwei Jahre. „Weil es originale ‚Halbkugelkopfschrauben' nicht mehr gibt, musste ich sie anfertigen", erklärt der Schönebecker. Vor über 50 Jahren gab es noch keine genormten Schrauben. Auch für das Lindgrün existierte nie eine Farbnummer. Ein Lackierer fand heraus, dass das Baligelb des Trabis identisch aussieht. ■

AUF EINEN BLICK	
Motor	Einzylinder-Zweitakt mit Umkehrspülung, luftgekühlt
Hubraum	47,6 cm³
Leistung	1,5 PS bei 5.000 U/min
Rahmen	Zentralrohr
Federung	vorn und hinten Schwinghebel mit Gummipuffern
Bremsen	vorn und hinten Innenbacken, 90 mm
Endantrieb	Kette
Getriebe	2-Gang
Reifen	2.00-26
Tankinhalt	4,5 l
Höchstgeschwindigkeit	45 km/h
Stückzahl	152.000
Preis	990 Mark

Hilfreiches Detail: Beim SR 2 bzw. 2E wurde der Hauptständer gegen Verbiegen verstärkt.

Anfang 1957 liefen SR 1 und SR 2 parallel vom Band. Beim SR 2 war die Sitzposition niedriger, die Felgen drei Zoll kleiner, Handling und Straßenlage besser. Die Kunden konnten zwischen den Farben braun und grau-beige wählen, im Ausland war das SR 2 in einer Zweifarbenlackierung unterwegs. Für den Export wurde das SR 2E gebaut. Das SR 2E hatte eine geschlossene, um das vordere Schutzblech herumlaufende Kurzschwinge. Sie war auf Schraubenfedern gestützt. Hinten hatten Schraubenfedern die Gummiblöcke abgelöst. Ab Januar 1960 ersetzte das SR 2E das SR 2 auch im Inland. Der Vergaser BFV-Zentral-

schwimmer NKJ 122-4 wurde gegen den NKJ 121-4 getauscht. Eine Verdichtung von 7,5:1 steigerte die Motorleistung um 0,3 PS. 1962 verlängerten die Techniker den vorderen Federweg auf 72 Millimeter. Der SR 2-Motor ließ sich in der Leerlaufstellung mit den Pedalen antreten, wie mit einem Kickstarter. SR 2-Motoren werden beim Restaurieren auch in SR 1 eingebaut, weil deren Motoren selten geworden sind. Simson-Sammler Dieter Ruderisch aus Wichtshausen: „Bei Leerlaufstellung der Schaltung erkennt man am Widerstand der Pedale den Unterschied zwischen den Motoren." Das Aus für die SR 2-Produktion kam 1964. Technik und Design des Mopeds waren in die Jahre gekommen – damals. Genau deshalb wecken die SR heute bei Oldtimertreffen nostalgische Erinnerungen. ■

Gegenüber liegende Seite:
Typisch für das SR 2 bzw. 2E: Die herumgezogenen Kotflügel und die Motorabdeckung.

AUF EINEN BLICK	
Motor	Einzylinder-Zweitakt mit Umkehrspülung, luftgekühlt
Hubraum	47,6 cm^3
Leistung	1,5 PS bei 5.000 U/min (ab 1962: 1,8 PS bei 5.500 U/min)
Rahmen	Zentralrohr
Federung	vorn Kurzschwinge auf Schraubenfedern, hinten Schwinge auf Gummipuffern
Bremsen	vorn und hinten Innenbacken, 90 mm
Endantrieb	Kette
Getriebe	2-Gang
Reifen	2.25-23
Tankinhalt	6 l
Leergewicht	55 kg
Höchstgeschwindigkeit	45 km/h
Stückzahl	905.000
Preis	1.050 Mark

KR 50: Während der Produktion wurden Motor, Fahrwerk, Ständer und Lenker modifiziert.

AUF EINEN BLICK	
Motor	Einzylinder-Zweitakt, luftgekühlt
Hubraum	47,6 cm³
Leistung	2,3 PS bei 5.500 U/min
Rahmen	Doppelrohr
Federung	vorn Kurzschwinge auf Schraubenfedern, hinten Schwinge mit Federbein
Bremse	Innenbacken, 90 mm
Endantrieb	gekapselte Rollenkette
Getriebe	2-Gang
Reifen	2.50-16
Tankinhalt	6,3 l
Höchstgeschwindigkeit	50 km/h
Stückzahl	164.500
Preis	1.150 Mark

Die Technik unter dem Rollerkleid war anfangs weitgehend vom SR 2 bzw. SR 2E abgeleitet, wenn auch in modifizierter Form. Signifikantes Merkmal aller Kleinroller (KR) blieb das abnehmbare Verkleidungsmittelteil. Darunter war der Motor am Doppelrohrrahmen verankert. Das kleine Triebwerk leistete mehr als im SR. Erst war es ein Plus von 0,6 PS, ab 1963 ein Plus von 0,8 PS. Die Federung war anfangs genau umgekehrt angeordnet wie beim SR 2. Der Roller hatte den Schwinghebel mit Gummipuffern vorn, die mit Schraubenfedern abgestützte Schwinge hinten. Schon im zweiten Produktionsjahr federte auch vorn eine Kurzschwinge mit Schraubenfedern. Dann kam hinten eine Schwinge mit Federbein zum Einsatz, deren Lagerung in Silentbuchsen erfolgte. Im Verlauf der Produktion ersetzte ein Kippständer aus Blechprägeteilen den fragilen Rohrständer. Ab 1963 wurde ein flacher Lenker montiert, das Fassungsvermögen des Tanks stieg um einen halben Liter. Weil die Zschopauer den Motor mit Kickstarter nicht rechtzeitig fertiggestellt hatten, konnten die Suhler kein neues Getriebe anpassen. Unter dem Termindruck der Planerfüllung beließen sie es bei der alten 2-Gang-Handschaltung. Gegen unbefugte Benutzung war der Roller durch Abziehen des Benzinhahns gesichert. Ein Schönheitsfehler war der Einzelsitz, der das Mitnehmen der Freundin verhinderte. Oder man schmiegte sich eng aneinander … Aber zwei Personen waren auf diesem Rollersitz beim Fahren verboten. Zumindest offiziell. ∎

1968–80

In der Typologie der Schwalbe-Baureihe lösten ab 1968 die „Strich Eins"-Modelle mit Radialgebläse den fahrtwindgekühlten KR 51 ab. Der verbesserte Motor M 53/1 erhöhte zwar nicht die Höchstgeschwindigkeit, was zulassungstechnisch ohnehin nicht erwünscht gewesen wäre, aber er stellte dem Fahrer ein komfortableres Drehmoment zur Verfügung. Ein um 35 Millimeter verlängerter Saugkanal, ein neuer Ansauggeräuschdämpfer, der Luftfilter am Steuerkopfende, der Vergaser BVF 16 N1-5, veränderte Spülkanäle im Zylinder und ein neuer Schalldämpfer ergaben zwar nur eine Steigerung um 0,2 PS. Aber die stellte der Motor des handgeschalteten Rollers schon bei 5.700 Umdrehungen zur Verfügung. Das Vorgängermodell hatte dafür 800

Touren mehr benötigt. 1971 lief die Produktion der handgeschalteten Schwalbe aus.

Wegen ihrer kürzeren Produktionszeit und des geringen Anteils von 25.000 Rollern an der Gesamtfertigung ist der handgeschaltete KR 51/1 eine Rarität. Dass die Schwalben robust und wartungsarm ausgelegt waren, bestätigt Frank Barsties. Der Rollerfan sagt über seine handgeschaltete Schwalbe, Baujahr 1970: „Ich habe am Motor noch keinen Handschlag gemacht!" Sein Roller ist mit einer originellen Besonderheit ausgestattet: Den Kindersitz gab es vor knapp vier Jahrzehnten im Zubehörhandel zu kaufen. Er wird mit der Frontverkleidung verschraubt. Die Sitzposition ist der Lieblingsplatz seines Sohnes Leon. ∎

Lieblingsposition von Sohn Leon: Der originale Kindersitz hinter der Verkleidung.

AUF EINEN BLICK	
Motor	Einzylinder-Zweitakt, Radialgebläse
Hubraum	49,6 cm³
Leistung	3,6 PS bei 5.700 U/min
Rahmen	Doppelrohr
Federung	vorn und hinten Langschwinge mit Federbein
Bremsen	vorn Vollnabe, 125 mm, hinten Innenbacken, 125 mm
Endantrieb	gekapselte Rollenkette
Getriebe	3-Gang
Reifen	2.75-20
Tankinhalt	6,8 l
Höchstgeschwindigkeit	60 km/h
Stückzahl	25.000
Preis	1.265 Mark

Beliebt: In einem weitgehend originalen Zustand zeigt sich diese Schwalbe KR 51/1F.

AUF EINEN BLICK

Motor	Einzylinder-Zweitakt, Radialgebläse
Hubraum	49,6 cm³
Leistung	3,6 PS bei 5.750 U/min
Rahmen	Doppelrohr
Federung	vorn und hinten Langschwinge mit Federbein
Bremsen	vorn Vollnabe, 125 mm, hinten Innenbacken, 125 mm
Endantrieb	gekapselte Rollenkette
Getriebe	3-Gang
Reifen	vorn und hinten 2.75-20
Tankinhalt	6,8 l
Höchstgeschwindigkeit	60 km/h
Stückzahl	535.000 („F" und „K")
Preis	1.265 Mark

Die fußgeschaltete Schwalbe KR 51/1 F war zeitgleich mit der handgeschalteten 51/1 ins Programm gekommen. Als die Produktion der handgeschalteten Schwalbe endete, lief die der fußgeschalteten weiter. Das „F" hinter den Ziffern „51/1" stand für Fußschaltung. Die 1.265 Mark teure 51/1 F war die Basisversion. Alle „Strich Eins"-Modelle hatten identische M53/1-Motoren, die durch ein Radialgebläse gekühlt wurden. Das Fahrwerk bestand vorn und hinten aus je einer Langschwinge mit herkömmlichen Federbeinen. Später kamen die gehobenen Versionen „S" und „K" dazu. Für den Bezug einer Schwalbe mussten die Ostdeutschen mehrjährige Wartezeiten in Kauf nehmen. Die Ursache war der weiterhin hohe Blechanteil bei dem Roller, das knappe Tiefziehblech bekam Simson nur kontingentiert zugewiesen. So bestimmten diese Lieferkontingente die Fertigungszahlen. Die Schwalbe war dennoch eines der beliebtesten Zweiräder in der DDR. Bis in die Gegenwart gehören die robusten und anspruchslosen Schwalben zum Straßenbild in den ostdeutschen Bundesländern. Seit einigen Jahren baut das Zweiradhaus Suhl auf dem Gelände des ehemaligen Simson-Werks neuwertige Schwalben originalgetreu auf. ∎

Raritätenecke: Im Suhler Museum ist eine der wenigen Automatik-Schwalben ausgestellt.

Wer von 1971 bis 1974 eine Schwalbe kaufen wollte, saß in der Zwickmühle. Entweder verzichtete er beim Basismodell auf Komfort oder bei der „S" auf die traditionelle Kupplungsbedienung mit der linken Hand. Der Buchstabe „S" hinter den Ziffern der Typenkennung stand für Sonderausführung. Die „S"-Schwalbe hatte eine automatische Fliehkraftkupplung. Diese war, milde ausgedrückt, gewöhnungsbedürftig; aber die einzige Chance, in den Genuss hydraulisch gedämpfter Federbeine, einer 25-Watt-Scheinwerferleistung, einer um 5 cm verlängerten Sitzbank und einer außen liegenden Zündspule zu kommen. Denn diese Features hatte nur die „S". Die Automatik war auf der linken Getriebeseite aufgesetzt. Sie verbreiterte es dermaßen, dass die Motorabdeckung aufgeschnitten werden musste. Die serienmäßige mild-olivgrüne Lackierung war nicht jedermanns Sache. Deshalb erfreuten sich andere Farben zunehmender Beliebtheit, aufgetragen von privater Hand. Beim verlängerten Fußschalthebel verhielt sich die Sache anders, der zierte alsbald auch Schwalben anderen Typs. Das Schalten mit Fußhebel, Fliehkraftkupplung und fehlendem Kupplungshebel blieb unbeliebt. Deshalb brachte Simson 1974 die KR 51/1 K heraus, mit dem hydraulisch gedämpften Fahrwerk und der gewohnten, von Hand zu ziehenden Kupplung. Dafür musste der Käufer mit einer 15-Watt-Beleuchtung vorlieb nehmen. ■

AUF EINEN BLICK	
Motor	Einzylinder-Zweitakt, Radialgebläse
Hubraum	49,6 cm³
Leistung	3,6 PS bei 5.750 U/min
Rahmen	Doppelrohr
Federung	vorn und hinten Langschwinge mit hydraulisch gedämpften Federbeinen
Bremsen	vorn Vollnabe, 125 mm, hinten Innenbacken, 125 mm
Endantrieb	gekapselte Rollenkette
Getriebe	3-Gang-Automatik
Reifen	vorn und hinten 2.75-20
Tankinhalt	6,8 l
Höchstgeschwindigkeit	60 km/h
Stückzahl	44.600
Preis	1.400 Mark

Simson Schwalbe KR 51/2
Watfähig bis zur Zündkerze

Eindeutiges Erkennungsmerkmal: Der Auspuff der Schwalbe KR 51/2 lag auf der rechten Seite.

AUF EINEN BLICK	
Motor	Einzylinder-Zweitakt, fahrtwindgekühlt
Hubraum	49,8 cm³
Leistung	3,7 PS bei 5.500 U/min
Rahmen	Doppelrohr
Federung	vorn und hinten Langschwinge mit Federbein, hydraulisch gedämpft
Bremsen	vorn Vollnabe, 125 mm, hinten Innenbacken, 125 mm
Endantrieb	gekapselte Rollenkette
Getriebe	4-Gang
Reifen	vorn und hinten 2.75-20
Tankinhalt	6,8 l
Höchstgeschwindigkeit	60 km/h
Stückzahl	301.200
Preis	1.990 Mark

Die Typen-Gliederung der letzten Schwalbe-Generation war auf den ersten Blick etwas unübersichtlich. Selbst einige Schwalbe-Besitzer wissen nicht immer, in welcher Ausstattungsvariante ihr Roller damals das Simson-Werk verließ. So ziemlich alles, was die Typen unterscheidet, lässt sich nachrüsten. Nur der Umbau des Getriebes ist etwas komplizierter. Die Basisversion („N") musste sich mit einer 3-Gang-Schaltung begnügen. Der Buchstabe „E" bezeichnete Schwalben mit einem 4-Gang-Getriebe. Das hatte natürlich auch die Luxus-Version („L"). Das Gestänge für die Hinterradbremse, verlängerte Trittbretter, ausladende Spiegelarme, ein 21-Watt-Bremslicht und der Frontscheinwerfer mit 25 Watt waren formal der E-Schwalbe zugeordnet. Die L-Version hatte zusätzlich eine elektronische Zündanlage, der Frontscheinwerfer eine Lichtstärke von 35 Watt. Für versierte Schrauber keine wirklichen Hindernisse beim Um- und Nachrüsten. Die Motoren M 531 (3-Gang) und M 541 (4-Gang) kühlte der Fahrtwind. Ohne Radialgebläse war der robuste Charakter der Schwalbe gefestigt worden. Der Lufteintritt befand sich knapp unterhalb des Lenkers. Bis zur Höhenlage der Zündkerze konnte die Schwalbe durchs Wasser waten. Noch heute gilt sie unter Ostdeutschen als „LPG-Fahrzeug". Dort fuhr sie auch über die Feldwege und Äcker, aber vorrangig ist die Bezeichnung ein Prädikat der Ostdeutschen für qualitativ standfeste und langlebige Fahrzeuge. Viele Schwalben haben überlebt, sie stehen bis heute im Alltagseinsatz. ■

Wer wusste es, wer erinnert sich, wer wollte es wahrhaben? Der später so beliebte Spatz war ein Nebenprodukt, vermutlich eine Schwarzentwicklung. So hießen Modelle, die weder genehmigt, noch bilanziert waren. Dafür spricht die Entwicklungsgeschichte dieses süßen Vogels. Als Nachfolger des SR 2 hatten die Suhler ein sportliches Modell geplant. Aber daraus wurde nichts, ein Roller war wichtiger als ein Moped. Dennoch wollten die Suhler ihre Träume nicht aufgeben. Deshalb finanzierten sie den Spatz aus den Investitionsmitteln für die Schwalbe. Wegen des knappen Geldes kombinierten sie alt und neu. Anfangs gab es den Spatz noch drei Jahre lang mit Pedalen. Den Unterschied markiert der letzte Buchstabe der Typenbezeichnung. „P" steht für Pedale, „K" für Kickstarter. Zylinderdeckel, Vergaser, Ansauggeräuschdämpfer, Lampeneinheit und die vordere Radführung kamen vom KR 50. Der Sömmerdaer Motor hatte bereits das SR 2E angetrieben. Durch den Zylinderdeckel des KR 50 war die Leistung schon beim SR 2E auf 2 PS gestiegen, in die Papiere kam sie aber erst jetzt, beim Spatz. Die Entscheidung, dass neben der Schwalbe auch andere Simsons Vogelnamen erhalten sollten, fiel erst kurz vor dem Serienanlauf im Juni 1964. Als ab 1967 der in Suhl hergestellte Motor 2,3 PS leistete, gab es nur noch Mokicks des Typs SR 4-1 SK. Der Spatz wurde für 548 D-Mark auch im Westen verkauft. Mit einem anderen Outfit nahm Simson den Spatz nach der Wende wieder ins Programm. ■

AUF EINEN BLICK	
Motor	Einzylinder-Zweitakt mit Umkehrspülung, luftgekühlt
Hubraum	49,6 cm^3
Leistung	2,3 PS bei 5.250 U/min
Rahmen	Zentralrohr-Schalenrahmen
Federung	vorn Kurzschwinge mit Schraubenfedern, hinten Langschwinge mit Federbeinen
Bremse	Innenbacken, 125 mm
Endantrieb	gekapselte Rollenkette
Getriebe	2-Gang-Handschaltung
Reifen	vorn 2.75-20, hinten 2.75-20
Tankinhalt	8,5 l
Höchstgeschwindigkeit	50 km/h
Stückzahl	30.000 (Moped), 122.000 (Mokick)
Preis	1.050 Mark

Ausgezeichnet: Der Star ist noch heute Alltagsfahrzeug in vielen ostdeutschen Haushalten.

AUF EINEN BLICK

Motor	Einzylinder-Zweitakt mit Umkehrspülung, Radialgebläse
Hubraum	49,6 cm³
Leistung	3,4 PS bei 5.750 U/min
Rahmen	Zentralrohr-Schalenrahmen
Federung	vorn und hinten Langschwingen mit Federbeinen
Bremsen	vorn und hinten Vollnabe, 125 mm
Endantrieb	gekapselte Rollenkette
Getriebe	3-Gang
Reifen	vorn und hinten 2.75-20
Tankinhalt	8,5 l
Höchstgeschwindigkeit	60 km/h
Stückzahl	505.800
Preis	1.200 Mark

Vollschwingenfahrwerk, Drei-Gang-Motor mit Fußschaltung, Schwunglichtmagnetzündung mit Ladeanlage, Scheinwerfer mit 136 cm³ Lichtaustrittsfläche, Blinker am Lenker und Parkleuchte machten dem Namen des Stars alle Ehre. Dabei stammten 90 Prozent aller Teile aus dem Simson-Baukastensystem (offiziell: „Standardisierungsprogramm"): Motor, Hinterradantrieb, Laufräder, Bremsen, Federbeine, elektrische Ausrüstung, Vorderradschwinge und Kotflügel, Lenker und Doppelsitzbank hatte auch der KR 51. Rahmen, Tank, Hinterradschwinge und hinterer Kotflügel waren bereits am SR 4-1 montiert worden. Das alles listeten die Tester ostdeutscher Fachzeitschriften auf. Der Begeisterung der 15- bis 17-Jährigen tat das keinen Abbruch. Das Mokick hatte eine Höchstgeschwindigkeit von 60 km/h. Auch weitere konstruktive Details werden kaum das Missfallen dieser Generation erzeugt haben. Die Sitzbank war für zwei Personen reichlich kurz ausgefallen, die an der Schwinge festgeschraubten Sozius- bzw. Soziafußrasten waren wenig geeignet, die Beifahrersitzposition zu festigen. Charmant schrieb eine DDR-Zeitschrift: „Beifahrer … halten sich besser am Fahrer fest, was bei gemischter Besatzung auch gern in Kauf genommen wird." Ab Februar 1966 reduzierte ein neuer Vergaser den Spritverbrauch. Als 1968 der neue Motor M 53/1 das Drehzahlniveau, den Geräuschpegel und die Vibrationen bei Höchstgeschwindigkeit senkte, änderte sich die Bezeichnung in SR 4-2/1. ∎

Gebläsekühlung für den Motor

Einfache Bedienelemente

Stärkster Vogel: Trotz attraktiver Optik und Technik hatte der Sperber ein Image-Problem.

Der Sperber hat den Hubraum eines Mopeds, aber die Höchstgeschwindigkeit eines Motorrades. Schon zu DDR-Zeiten fiel der Sperber nicht unter das ostdeutsche Moped-Privileg, das eine Moped-Höchstgeschwindigkeit bis 60 km/h zugelassen hatte. Der Sperber war (und ist) ein richtiges Motorrad. Aber er hatte den Ruf, kein richtiges Motorrad zu sein, eher so etwas wie ein gefühltes „Motoraped". Motorradfreunde sparten lieber auf eine MZ. Deshalb blieb die Nachfrage hinter den Erwartungen zurück. Dagegen halfen weder der Kaufpreis, noch die nahezu vollkommene Technik:

Gegenüberliegende Seite:
Luftkanal: Durch die Stützstrebe vom Stirnrohr zur Sitzbankauflage fließt die Ansaugluft.

Kleines Bild: Teil der Ansauganlage: Den angeschweißten Rohrstutzen gibt es nur beim Sperber-Rahmen.

mit hydraulisch gedämpften Federbeinen, verstärktem Rahmen, Leerlaufanzeige, beleuchtetem Tacho, Parkleuchte, Blinker, großzügig verripptem Zylinder und dem 4,6-PS-Motor. Der hoch drehende Motor mit geänderten Steuerzeiten, einer großen Ansauganlage mit Trockenluftfilter (platziert unter Tank und Sitzbank) sowie die 4-Gang-Schaltung beschleunigten den Sperber auf die Werkangabe von 75 km/h, meistens jedoch auf höhere Werte. Der bis an die Sitzbank reichende Tank verlieh dem Sperber eine so attraktive Optik, dass diese später beim Habicht übernommen wurde. Der Sperber behielt dennoch sein Image-Problem. Erst in der Gegenwart wird Motorradfreunden bewusst, dass er ein ganz besonderer Vogel ist. Für einige Sperber kursieren Fahrzeugpapiere, in denen die V_{max} mit 60 km/h angegeben ist. Dabei ist Vorsicht geboten. Auf dem Prüfstand lässt sich die Motorleistung im Ernstfall nachweisen. ■

AUF EINEN BLICK	
Motor	Einzylinder-Zweitakt mit Umkehrspülung, luftgekühlt
Hubraum	49,6 cm³
Leistung	4,6 PS bei 6.750 U/min
Rahmen	verstrebter Zentralrohr-Schalenrahmen
Federung	vorn und hinten Langschwinge mit Federbein, hydraulisch gedämpft
Bremsen	vorn und hinten Vollnabe, 125 mm
Endantrieb	gekapselte Rollenkette
Getriebe	4-Gang
Reifen	vorn und hinten 2.75-20
Tankinhalt	9,5 l
Höchstgeschwindigkeit	75 km/h
Stückzahl	80.000
Preis	1.550 Mark

Erfolgreicher Habicht: Er sah aus wie der Sperber, fuhr aber in der Mopedklasse (60 km/h).

Gegen überliegende Seite: Habicht im Einsatz.

AUF EINEN BLICK	
Motor	Einzylinder-Zweitakt
Hubraum	49,6 cm^3
Leistung	3,4 PS bei 5750 U/min
Rahmen	verstrebter Zentralrohr-Schalenrahmen
Federung	vorn Langschwinge mit Federbeinen, hinten Langschwinge mit hydraulisch gedämpften Federbeinen
Bremsen	vorn und hinten Vollnabe, 125 mm
Endantrieb	gekapselte Rollenkette
Getriebe	4-Gang
Reifen	vorn und hinten 2.75-20
Tankinhalt	9,5 l
Höchstgeschwindigkeit	60 km/h
Stückzahl	77.200
Preis	1.430 Mark

Als der Sperber aus der Produktion ausschied, kam der Habicht geflogen. So ließe sich der Modellwechsel salopp beschreiben. Oder auch nicht, denn sie gehörten nur optisch in die gleiche Fahrzeugkategorie. Der Sperber hatte eine raffinierte Technik gehabt und war um einiges schneller gewesen. Mit dem Habicht sollte die Zeit bis zur Einführung einer neuen Mokick-Generation überbrückt und der gewaltige Inlandsbedarf gedeckt werden. Aber das mit der neuen Mokick-Generation waren wieder einmal hoch fliegende Pläne gewesen, die die Realität der sozialistischen Planwirtschaft zunichte machte. Bis zu einer neuen Mokick-Generation sollte es noch dauern. Im Aussehen unterschieden sich Habicht und Sperber durch die Farbe des Lacks und die Platzierung des Vogelnamens auf dem Blech. Der Motor glich dem der Schwalbe. Dessen Leistung übertrug das Sperber-Getriebe mit vier Gängen aufs Pflaster. Die tatsächliche Höchstgeschwindigkeit lag etwas über der Werkangabe, ein Ergebnis der Getriebeabstufung und der größeren Luftmenge, die das Ansauggebläse beförderte. Die kleinere Übersetzung des ersten und zweiten Ganges steigerte auch den Anzug gegenüber der 3-Gang-Schwalbe. Der kleinere Ansauggeräuschdämpfer in der Star-Dimension hatte einen angenehmen Nebeneffekt: Unter der Sitzbank blieb Platz für Kleinkram. Der Habicht verkaufte sich gut. Die Käufer erhielten ein Mokick mit dem Aussehen des schnellen Sperbers. Ein gelungener Kompromiss!

Simson GS 50
Angeblich verkauft

Kleiner Personenkreis: Nur die Fahrer der ADMV-Clubs durften die Sportmotorräder kaufen.

AUF EINEN BLICK	
Motor	Einzylinder-Zweitakt mit Umkehrspülung, luftgekühlt
Hubraum	49,6 cm^3
Leistung	9 PS bei 8.500 U/min [1]
Rahmen	Zentralrohr, geschweißt
Federung	vorn und hinten Langschwinge mit hydraulisch gedämpften Federbeinen
Bremsen	vorn und hinten Vollnabe, 125 mm
Endantrieb	Rollenkette
Getriebe	6 Gänge (2 x 3 durch Vorgelege)
Reifen	19-Zoll-Geländereifen
Tankinhalt	8,5 l
Höchstgeschwindigkeit	90 km/h [1]
Stückzahl	75
Preis	keine Angaben

[1] Angaben gem. Fahrzeugmuseum Suhl

Mit den Wettkampfmaschinen des Typs „AWO" (so heißen sie im Volksmund bis heute) waren die Suhler überall aufgefallen. Sowohl durch die damals moderne Viertakt-Technik, als auch durch die Rennplatzierungen. Weil der (Motor-)Sport im Osten in der Bevölkerung und in der Politik einen so hohen Stellenwert hatte, trat Simson weiterhin im Wettkampfgeschehen auf. Nunmehr mit auf Gelände getrimmten 50ern. Bei der GS 50 blieb noch die Langschwinge das Maß der Dinge. Die hydraulisch gedämpften Federn kamen aus dem Motorradbau. Die Bremsen stammten aus der Serie, auch die Motoren blieben seriennah. Die gesteigerte Wettkampfleistung entstand durch einen Leichtmetallzylinder mit Grau-

gusslaufbuchse und überarbeiteten Spülkanälen, einem geringfügig veränderten Kurbeltrieb und einem Vergaser mit 17 mm Ansaugweite sowie modifizierter Ansauggeräuschdämpfung. Stollenreifen und Schalldämpfer waren aus dem Ausland importiert. Ein am Getriebegehäuse angeflanschtes Vorgelege unterteilte die drei Gänge in sechs Fahrstufen. 1964 kam eine GS 75 dazu, 1966 folgten die Weiterentwicklungen GS 50/1 und GS 75/1. Diese drei Modelle hatten dann schon Telegabeln. Offiziell konnten die Enduros gekauft werden, in der Realität blieben die Kleinserien den Wettkampffahrern des ADMV (Allgemeiner Deutscher Motorsport-Verband) vorbehalten. Das Foto entstand im Suhler Fahrzeumuseum. ■

Aufwendig: Die Zeitnahme bei Rennen der 60er-Jahre erfolgten mit speziellen Uhren.

Fahrzeugmuseum Suhl: In der „Rennecke" ist die Zeitnahme mit einem GS-Modell inszeniert.

Während bei der GS 50 und der GS 75 die Tanks von Star und Spatz die Nähe der Wettkampfoffroader zur Serie sichtbar machten, waren es bei den „Strich Eins"-Modellen die Tankformen von Sperber und Habicht. Allerdings war der Tank bei der 75/1 aus Leichtmetall. Damit glich das Motorrad eine Gewichtszunahme aus, die sich durch den Einbau eines Rahmenunterzugs ergeben hatte. Der solchermaßen geschützte Motor basierte immer noch auf dem M 53/54. Drehzahlen im fünfstelligen Bereich überforderten aber dessen Standfestigkeit. Schon bei der GS 50/1 verzögerten Bremsen aus dem Motorradbau die Produktion der Wettkampfmotorräder.

Das Sperbergetriebe war mit einem von Hand zu schaltenden Vorgelege auf insgesamt acht zur Verfügung stehende Fahrstufen erweitert worden. Bis zum Jahr 1979 wurden diese bewusst seriennahen Wettkampfmotorräder in Kleinserie gebaut und an die ADMV-Clubs abgegeben. Sie blieben im Gros der Starterfelder zwar konkurrenzfähig, aber fürs Treppchen reichte es zuletzt nicht mehr. Die Werkmaschinen, mit denen die Simson-Mannschaft an Wettfahrten teilnahm, hatten – abgesehen von einzelnen Baugruppen – nicht mehr viel mit den Serienmotorrädern zu tun. Vor allem, wenn sie den AWO-Viertaktmotor eingebaut hatten. ∎

AUF EINEN BLICK	
Motor	Einzylinder-Zweitakt mit Umkehrspülung, luftgekühlt
Hubraum	75 cm^3 [1]
Leistung	12 PS bei 9.400 U/min [1]
Rahmen	geschweißter Stahlrohrrahmen mit Unterzug
Federung	vorn Teleskopgabel, hinten Langschwinge mit hydraulisch gedämpften Federbeinen
Bremsen	vorn und hinten Vollnabe, 150 mm
Endantrieb	gekapselte Rollenkette
Getriebe	8 Gänge (2 x 4 durch Vorgelege)
Reifen	vorn 21-Zoll, hinten 19-Zoll-Geländereifen
Tankinhalt	9,5 l
Höchstgeschwindigkeit	110 km/h [1]

[1] Angaben gemäß Fahrzeugmuseum Suhl

Mofa SL 1
Das Experiment mit der Marktwirtschaft

Eine Folge der Kalkulation: Das Mofa SL 1 war ungefedert, vorne und hinten.

Merkmale des Mofa SL 1: vorn der Gepäckträger, hinten der Tank und keine Federung.

AUF EINEN BLICK	
Motor	Einzylinder-Zweitaktmotor, luftgekühlt
Hubraum	49,6 cm³
Leistung	1,6 PS bei 4.000 U/min
Rahmen	Kastenprofilrahmen
Federung	keine
Bremsen	vorn und hinten Trommel, 90 mm
Endantrieb	Kette
Getriebe	1-Gang-Automatik
Reifen	vorn 2.25 x 20, hinten 2.75 x 20
Tankinhalt	3,2 l
Höchstgeschwindigkeit	30 km/h
Stückzahl	60.200 (SL 1 und SL 1S)
Preis	695 Mark, ab 1971: 640 Mark

Die Marktchancen für ein Mofa waren Anfang der 70er-Jahre mittels einer Marktanalyse erforscht worden. Ein im System der Planwirtschaft bis dahin einmaliger Vorgang. Das Ergebnis schien den Bedarf in der kleinen Fahrzeugklasse nachzuweisen, berücksichtigte aber – wie sich später herausstellen sollte – nicht die Befindlichkeiten potenzieller Käufer. Simson hatte schon einmal ein Mofa-Projekt vorbereitet. Das war allerdings 1964 abgelehnt worden. Dem neuen Mofa verordneten die staatlichen Planwirtschafter einen Endverbraucherpreis (EVP) von 550 Mark, dem die Kostenkalkulation folgen musste. Die fiel entsprechend knapp und die Gewinnprognose entsprechend langfristig aus. Obwohl der EVP letztlich doch höher lag, gab es beim SL 1 nicht einmal eine Federung. Für Zylinder und Zylinderdeckel des Motortyps M 51 A wurde Alu-Druckguss verwendet. Die Kraftübertragung erfolgte durch eine automatische Fliehkraftkupplung. Zum Fahrradfahren gab es einen zweiten Kettenantrieb auf der rechten Fahrzeugseite, ein Freilauf ermöglichte das Treten bei laufendem Motor. Das Fahrwerk bestand aus einem Kastenprofilrahmen, der aus gekanteten Blechen zusammengeschweißt wurde. Für die Stahlfelgen schrieb das Deutsche Amt für Messwesen und Warenprüfung (DAMW) Ballonreifen vor. Harald Tänzer aus Benneckenstein über das Fahren mit dem ungefederten SL 1: „Wegen der Erschütterungen auf dem Kopfsteinpflaster vibrierte sich ständig der Lenker los."

Obwohl Simson schon ab dem Frühjahr 1971 das SL 1 vom Werktor zur Halde schieben musste, durfte weitergebaut werden. Im Spätsommer 1971 gab es grünes Licht für eine Vorderradfederung. Die Kurzschwinge lief um das Schutzblech herum und war mit Schraubenfedern unter der Gabel gedämpft. Das SL 1S erhielt zwei Gepäckträger, einer war auf dem Tank über dem Hinterradschutzblech, der andere über dem Vorderradschutzblech befestigt. Dennoch blieb es beim gleichen Endverbraucherpreis, den vorher auch das SL 1 hatte. Dessen Preis wurde jedoch so lange um 55 Mark gesenkt, wie beide Mofas parallel ausgeliefert wurden. Die Hoffnung, das aufgewertete SL 1S werde sich besser verkaufen, erfüllte sich nicht. Zum 31. März im Jahr 1972 wurde das Aus für die Mofa-Herstellung angeordnet. Als Ursache für den schlechten Absatz wird auf die Helm- und Führerscheinpflicht spekuliert. Auch die mitunter recht bissige Fachpresse hatte das Mofa heftig kritisiert. Einen Konflikt mit dem „Empfehlungsapparat" des Presseamts beim Ministerrat brauchten die Tester nicht zu befürchten, weil die staatlichen Stellen dem Mofa-Projekt ohnehin misstraut hatten. Vielleicht passte aber auch ein Mofa ganz einfach nicht in das emotionale Weltbild eines Motorradlandes. Gefühlte Wünsche waren in der Marktanalyse unberücksichtigt geblieben. Bitter für Simson: Das Werk hatte heimlich darauf gebaut, der Mofa-Verkauf werde die angespannte Moped-Produktion entlasten. ■

AUF EINEN BLICK	
Motor	Einzylinder-Zweitaktmotor, luftgekühlt
Hubraum	49,6 cm³
Leistung	1,6 PS bei 4000 U/min
Rahmen	Kastenprofilrahmen
Federung	vorn Kurzschwinge auf Schraubenfedern, hinten keine
Bremsen	vorn und hinten Trommel, 90 mm
Endantrieb	Kette
Getriebe	1-Gang-Automatik
Reifen	vorn 2.25 x 20, hinten 2.75 x 20
Tankinhalt	3,2 l
Höchstgeschwindigkeit	30 km/h
Stückzahl (SL 1 und SL 1S)	60.200
Preis	695 Mark

Unterscheidend: Bei der „B"- und „N"-Version war die Zündspule nicht unter dem Tank montiert.

AUF EINEN BLICK	
Motor	Einzylinder-Zweitakt
Hubraum	49,6 cm³
Leistung	3,6 PS bei 5.500 U/min
Rahmen	Zentralrohr
Federung	vorn Teleskopgabel, hinten Langschwinge mit Federbeinen, hydraulisch gedämpft
Bremsen	Vollnabe, 125 mm
Endantrieb	gekapselte Rollenkette
Getriebe	3-Gang
Reifen	2.75-16
Tankinhalt	9,5 l
Höchstgeschwindigkeit	60 km/h
Stückzahl	579.700
Preis	1.200 bis 1.680 Mark

Zehn Jahre nach der AWO wurde bei Simson ein zweiter Traum zum Albtraum. Ein Dreivierteljahr hatten sich die Suhler Anfang der 70er um eine hochkarätige Aufzucht der Vogelfamilie kümmern dürfen, da pfiff sie die Obrigkeit zurück. Nur der Bau von Mokicks und Rollern war angesagt, nichts anderes. Dabei hatten die Pläne für ein Leichtkraftrad und eine 100er mit Fünfganggetriebe schon Gestalt angenommen. Übrig blieb nur das S 50-Mokick. Und von drei angesagten Modellen kam 1975 nur das S 50 B in den Vertrieb. „B" stand für Blinkeranlage. Der Preis lag über dem Star, dessen Nachfolger das S 50 B doch sein sollte. Wegen der Preisbindung musste Simson ein halbes Jahr später das abgespeckte S 50 N nachlegen. Das kostete dann so

viel wie der Star. Die erste „B"-Version wurde schon 1976 durch das B1 und das B2 ersetzt. Die Modelle hatten eine verbesserte Beleuchtung (womit Simson auf die Kritik der Fachpresse reagierte) und – als äußeres Erkennungsmerkmal – eine außen liegende Zündspule. Das B2 glänzte durch eine elektronische Zündanlage, geringen Wartungsaufwand und einen niedrigen Spritverbrauch. Dank eines nadelgelagerten Kolbenbolzens konnte mit einem Mischungsverhältnis von 1:50 gefahren werden, wenn VK 88 getankt wurde. Zu Beginn der S 50-Entwicklung hatten die Suhler eine Zündapp und eine Hercules gekauft. Nicht um zu spicken, sondern um keine Patente zu verletzen: Das S 50 sollte auch in den Westen exportiert werden. ∎

Simson-Motor der neuen Generation: Der M531/541 (3-Gang/4-Gang) war Weltspitze.

Mokick mit Seltenheitswert: Denn die meisten N sind inzwischen zum B1-3 aufgerüstet.

Die DDR-Bürger waren um Sprüche nie verlegen. Der Typenbezeichnung „N" für die Normalversion der Simson-Mokicks hatten sie einen einfachen Sinn zugeordnet: N wie Nichts. Das betraf aber nur die Ausstattung. Die „N"-Version war als robustes Arbeitskrad für Außendienstmitarbeiter vorgesehen. Genau dazu wurde das Motorrad von den Betrieben beschafft, für Mitarbeiter, die auf dem Betriebsgelände und in dessen Umgebung mobil sein mussten. Wozu brauchten sie mehr als drei Gänge? Die waren genug, es ging ja nicht um Beschleunigungsrekorde im Betrieb. Die Behörden beschafften keine Mokicks: Eine Ausnahme war eine Spezialtruppe der „Bewaffneten Organe" (siehe S 51 E „Grenztruppe").

Das Besondere an der S 51-Generation war der Motor M531/541. Der Langhuber gehörte zur Weltspitze [1]. Der Unterschied zum alten M53 war das glatte Kurbelwellen- und Getriebegehäuse und der markant verrippte Zylinder, sowie ein neu gestalteter Zylinderkopf mit in Fahrtrichtung verlaufenden Kühlrippen. Der Kraftstoffverbrauch der S 51 lag bei 2,4 l/100 km, den CO_2-Ausstoß konnten auch westliche Hersteller nicht unterbieten [1]. Weil die Simsons typische Mokicks der Marke Do-it-yourself sind und das Nachrüsten neuer Technik eine bevorzugte Beschäftigung gewesen ist, lässt sich nach knapp 30 Jahren kaum ein Unterschied zwischen der „N"- und „B"-Version erkennen. Sofern sie immer noch mit 3-Gang-Getriebe fahren. ■

[1] nach Simson Schwalbe & Co, Schrader-Typen-Chronik, Motorbuch Verlag, Frank Rönicke, Stuttgart 2007, S. 57.

AUF EINEN BLICK	
Motor	Einzylinder-Zweitakt, luftgekühlt
Hubraum	49,8 cm³
Leistung	3,7 PS bei 5.500 U/min
Rahmen	Zentralrohrrahmen
Federung	vorn Teleskopgabel, hinten Langschwinge
Bremsen	vorn und hinten Vollnabe, 125 mm
Endantrieb	gekapselte Rollenkette
Getriebe	3-Gang
Reifen	vorn und hinten 2.75-16
Tankinhalt	8,7 l
Höchstgeschwindigkeit	60 km/h
Stückzahl	103.000

Simson S 51 B1-3: „B" wie „Besser" und drei Gänge waren die Merkmale dieses Typs.

AUF EINEN BLICK	
Motor	Einzylinder-Zweitakt mit Umkehrspülung, luftgekühlt
Hubraum	49,8 cm³
Leistung	3,7 PS bei 5.500 U/min
Rahmen	Zentralrohr
Federung	vorn Teleskopgabel, hinten Langschwinge mit Federbeinen, hydraulisch gedämpft
Bremsen	Vollnabe, 125 mm
Endantrieb	gekapselte Rollenkette
Getriebe	3-Gang
Reifen	2.75-16
Tankinhalt	8,7 l
Höchstgeschwindigkeit	60 km/h
Stückzahl	242.000
Preis	keine Angaben

Mit „besseren" Ausstattungsmerkmalen konnte die „B"-Version aufwarten. Deshalb übersetzte der Volksmund das „B" mit einem schlichten „Besser". Sie hatte hydraulische Hinterraddämpfer, ein Zündschloss und eine anspruchsvollere Elektrik. Außen liegende Kurbelwellendichtringe machten den Motor wartungsfreundlicher, an Leistung legte er auch zu. Die Eigenschaften des Langhubers sollten sich später beim Aufbohren als vorteilhaft erweisen. Die neue Ziehkeilschaltung ließ sich einfacher und preisgünstiger bauen. Mit geringem Aufwand konnte während der Produktion die Zahl der Gänge variiert werden. Das S 51 N war ausschließlich mit einem 3-Ganggetriebe ausgestattet gewesen, die „B"-Version gab es wahlweise mit drei und mit vier Gängen. Die Zahl der Gänge lässt sich an der aufgeprägten Ziffer auf der linken Seite des Kupplungsdeckels ablesen. In der Typenbezeichnung beschreibt sie die letzte Ziffer. Als Nässe empfindlich galt die Zündung. Abhilfe brachte eine Kunststoffdurchführung mit Kappe am Gehäuse. Das Eindringen von Feuchtigkeit entlang des Zündkabels wurde dadurch verhindert. Den Unterschied zum Vorgängermodell S 50 markieren der flache Scheinwerfer und der Kombischalter am Lenker für Licht- und Signalfunktionen sowie die Verrippungsart des Motors. Wenn die Teile nicht nachgerüstet wurden. ■

Fließende Grenzen: Gepflegte
S 51 B1-4 mit den nachgerüste-
ten Federbeinen der S 51 B2-4.

D as Mokick S 51 B1-4 war bis auf das 4-Ganggetriebe identisch mit dem B1-3. Unter den Produktionszahlen nahm es die Spitzenposition ein. Als Zielgruppe hatte Simson ganz klar Privatpersonen im Visier, denen die vier Gänge ein komfortableres Vorankommen sicherten. Vor allem, wenn das Mokick mit zwei Personen besetzt war. Dann ließen sich Beschleunigung und Geschwindigkeit trotz größerer Last immer noch dem fließenden Stadtverkehr anpassen. Zumindest dann, wenn der Fahrer fleißig schaltete. Durch ihre lange Lebensdauer sind die meisten „Simme"-Mokicks inzwischen „runderneuert" worden, ohne deshalb verbastelt zu sein. Als hinderlich wirkte sich zu DDR-Zeiten die Teileversorgung aus; als schwer zu beschaffende

Teile galten die Hinterradritzel. Die Nässeempfindlichkeit der Zündanlage galt als Schwachpunkt. Eine in den Rahmenausschnitt des Tanks versenkte Zündspule und eine kunststoffummantelte Kabelführung am Gehäuseeingang reduzierten die Störanfälligkeit. Erst Anfang 1989 führte Simson die 12-Volt-Elektrik ein. Weil auch in der DDR das Fahren mit eingeschaltetem Fahrlicht zur Pflicht geworden war, bauten die Suhler bei ihren Mokicks einen Wechselspannungsregler ein. Der ermöglichte zwei Lichtschalterstellungen. Die Halogenlampen standen bei Tag unter einer Spannung von 12,2 Volt, bei Nacht unter 14 Volt. Zweck dieser Technik war es, die Haltbarkeit der Glühbirnen zu verlängern. Langlebigkeit stand an erster Stelle. ■

AUF EINEN BLICK	
Motor	Einzylinder-Zweitakt mit Umkehrspülung, luftgekühlt
Hubraum	49,8 cm³
Leistung	3,7 PS
Rahmen	Zentralrohr
Federung	vorn Teleskopgabel, hinten Langschwinge mit Federbeinen, hydraulisch gedämpft
Bremsen	Vollnabe, 125 mm
Endantrieb	gekapselte Rollenkette
Getriebe	4-Gang
Reifen	2.75-16
Tankinhalt	8,7 l
Höchstgeschwindigkeit	60 km/h
Stückzahl	452.100
Preis	1.995 Mark

Simson S 51 B2-4
Feine Technik für das Spitzenmodell

Aufgerüstet: Mit Sofa ähnlicher Sitzbank, dem Pneumant-Trägersystem und hellen Armaturen.

AUF EINEN BLICK	
Motor	Einzylinder-Zweitakt mit Umkehrspülung, luftgekühlt
Hubraum	49,8 cm³
Leistung	3,7 PS bei 5.500 U/min
Rahmen	Zentralrohr
Federung	vorn Teleskopgabel, hinten Langschwinge mit hydraulisch gedämpften Federbeinen
Bremsen	Vollnabe, 125 mm
Endantrieb	gekapselte Rollenkette
Getriebe	4-Gang
Reifen	2.75-16
Tankinhalt	8,7 l
Höchstgeschwindigkeit	60 km/h
Stückzahl	305.100
Preis	2.050 Mark

Auf der Grundlage des S 51 entwickelte Simson etliche Modellvarianten. Das Spitzenmodell war zunächst das S 51 B2. Ab 1983 kam die „C"-Version dazu, wobei „C" für „Comfort" stand. Natürlich hatten die Spitzenmodelle ausnahmslos Vierganggetriebe. Ein 120-mm-Rückspiegel, ein 60-mm-Tacho, längs verrippte Lenkergriffe sowie Schraubenfedern hinten waren die erkennbaren Merkmale der Oberklasse. Im Zubehör gab es Beinschilder, Kniedecken sowie das von Pneumant entwickelte Koffersystem für MZ und Simson. Den im Westen geltenden Zulassungs- und Führerscheinbestimmungen angepasst gab es auf 3,4 und 2,8 PS gedrosselte Exportversionen, bei denen 50 bzw. 40 km/h eingetragen waren. Zweimal variierten die Suhler die Typenbezeichnung. Mit zweitem Spiegel, Faltenbälgen an der Telegabel und Handhebeln aus Kunststoff war es das S 51 B2-4/1. Als Simson Anfang 1989 die Vielfalt der Mokick-Modelle bereinigte und die Typologie überschaubarer machte, erhielt das Mokick die Typenbezeichnung S 51/1 C1. Eine neue Elektrik kam dabei auch an Bord. In den drei Jahrzehnten seit der S 51-Einführung haben die meisten Besitzer ihre „Simmen" mit gehobener Technik nachgerüstet, vom ursprünglichen Auslieferungszustand ist oft nur noch zu erkennen, ob es sich um ein Modell mit drei oder vier Gängen gehandelt hat. Aber auch stetiges Nachrüsten ist eine typische Form ostdeutscher Originalität. ■

Die Enduro war etwas Besonderes. Aber sie war auch das teuerste Simson-Mokick. Die Stabilität des gebogenen Rahmens verstärkten angeschraubte Unterzüge. Die Enduro hatte einen Steuerkopf aus Guss, die Telegabel schützten Faltenbälge. Die Federbeine – abgeleitet von der MZ ETZ 250 – ließen sich verstellen. Wegen des nach oben verlegten Auspuffs mit einem Wärmeschutzgitter musste der Fußbremshebel weiter außen montiert werden. Der rechte Seitendeckel hatte unten eine Delle, damit das hochgelegte Endrohr daran vorbei geführt werden konnte. Der Kickstarter ließ sich einklappen. Auf den verlängerten Fußrasten hat der Fahrer sicheren Halt, wenn er im Gelände stehend fahren will. Zur Serie gehörten ein rechter Rückspiegel

und ein hoher Lenker. Anpassen ließen sich aber auch die noch höheren MZ-Lenker. Ab 1989 kam die „E" mit neuer Elektrik als S 51/1 E1 auf den Markt.

Eine Folge der Diskussion um stabile Endverbraucherpreise ist die einfachere S 51 E/4 gewesen. Durch die anspruchslosere Elektrik der „N" sowie einfache Federbeine gelang es, den Preis unter 2.000 Mark zu halten. Simson-Enduros ohne Unterzüge sind üblicherweise Straßenmokicks, die nachträglich aufgerüstet wurden. Ein Tuning, das relativ einfach ist. Bis auf die Unterzüge. Für deren Befestigung bedarf es des Anschweißens eines Befestigungsblechs am Steuerkopf. Heute werden alle Ersatzrahmen mit Befestigungsblech geliefert, so dass sie kompatibel zu den S-Typen sind. ■

Originale Simson-Enduro: Der Rahmen ist mit stabilisierenden Unterzügen ausgestattet.

AUF EINEN BLICK	
Motor	Einzylinder-Zweitakt mit Umkehrspülung, luftgekühlt
Hubraum	49,8 cm^3
Leistung	3,7 PS bei 5.500 U/min
Rahmen	Zentralrohr mit Unterzug
Federung	vorn Teleskopgabel, hinten Langschwinge mit hydraulisch gedämpften Federbeinen
Bremsen	Vollnabe, 125 mm
Endantrieb	gekapselte Rollenkette
Getriebe	4-Gang
Reifen	vorn und hinten 2.75-16
Tankinhalt	8,7 l
Höchstgeschwindigkeit	60 km/h
Stückzahl	231.500 (Enduros gesamt)
Preis	2.390 Mark

Sparmaßnahme: Die Grenztruppen erhielten in den 80er-Jahren S 51-Enduros von Simson.

AUF EINEN BLICK	
Motor	Einzylinder-Zweitakt mit Umkehrspülung, luftgekühlt
Hubraum	49,8 cm³
Leistung	3,7 PS bei 5.500 U/min
Rahmen	Zentralrohr mit Unterzug
Federung	vorn Teleskopgabel, hinten Langschwinge mit hydraulisch gedämpften Federbeinen
Bremsen	Vollnabe, 125 mm
Endantrieb	gekapselte Rollenkette
Getriebe	4-Gang
Reifen	vorn und hinten 2.75-16
Tankinhalt	8,7 l
Höchstgeschwindigkeit	60 km/h

Anfang der 80er-Jahre gab es in der DDR beinahe skurril anmutende Entwicklungen. Sie waren eine Folge der ostdeutschen Energiekrise. Die Sowjetunion hatte das Erdölkontingent reduziert, das sie Ostdeutschland zu vergünstigten Preisen lieferte. Die Regierung hatte in den Jahren zuvor fast ausschließlich auf diesen fossilen Rohstoff gesetzt. Die Nutzung alternativer Energien war unterblieben. Die Staatsbetriebe, Behörden und staatlichen Organe wurden wegen des knappen Benzins zum Sparen angehalten, was bei der Reichsbahn sogar zur Reaktivierung der Dampfloks führte. Selbst bei den Sicherheitsorganen musste gespart werden –

und sogar bei den Grenztruppen, die den antifaschistischen Schutzwall, also die innerdeutsche Grenze, sicherten. Die Grenzaufklärer – sie waren die Elite der Grenztruppen – mussten für ihre Streifenfahrten im Grenzland auf Enduro-Mokicks von Simson umsteigen. Sie hatten keine verstellbaren Federbeine, aber serienmäßig einen Seitenständer und Packtaschen – und sie waren durchweg in Olivgrün lackiert. Die S 51 mit verbesserter Elektrik wurde dann allerdings nicht mehr an die Truppe ausgeliefert. Eine der wenigen erhalten gebliebenen Grenztruppen-Enduros steht im Motorradmuseum in Meiningen (Thüringen). ■

Flott: Mit 70 cm³ Hubraum und 5,6 PS erreichte die S 70 C eine V$_{max}$ von 75 km/h.

Für Simson muss es ein großer Augenblick gewesen sein. Zumindest für diejenigen Mitarbeiter, die etwas darauf gaben, dass Suhl die Heimat der legendären AWO gewesen ist. Denn die S 70 war nach den gesetzlichen Maßstäben der DDR wieder ein richtiges Motorrad, mit mehr als 50 cm³. Auch wenn sie im komplizierten Zulassungsrecht des Westens in die Kategorie der Leichtkrafträder fiel. Dorthin wurde sie übrigens auch exportiert, als sogenannte 80er. Das „C" stand für „Comfort". Äußerlich unterschied sich die S 70 von den 50ern nur durch die Rahmenunterzüge, wie sie die S 51-Enduro hatte. Und natürlich durch die Beschriftung der Seitendeckel. Wegen des „durchschlagenden" Dämpfungsverhaltens der Telegabel verwendete Simson Stahlfelgen. Der Motor war auf 69,9 cm³ aufgebohrt und leistete 5,6 PS. Offiziell erreichte die S 70 eine Höchstgeschwindigkeit von 75 km/h, in der Realität fuhr sie – wie alle Simsons – etwas schneller. Damit kam die S 70 allerdings in die Nähe der kleinen MZ mit 125 cm³. Attraktiv machte sie im Vergleich zu MZ, es sei denn man war sowieso ein eingefleischter Simson-Fan, nur der Kaufpreis. Denn die MZ bot mehr Hubraum, mehr Leistung und natürlich eine etwas höhere V$_{max}$. Diese Sicht scheinen auch viele Käufer geteilt zu haben, denn der Absatz der S 70 blieb hinter dem der 50er zurück. ■

AUF EINEN BLICK	
Motor	Einzylinder-Zweitakt mit Umkehrspülung, luftgekühlt
Hubraum	69,9 cm³
Leistung	5,6 PS bei 6.000 U/min
Rahmen	Zentralrohr mit Unterzug
Federung	vorn Teleskopgabel, hinten Langschwinge mit hydraulisch gedämpften Federbeinen
Bremsen	Vollnabe, 125 mm
Endantrieb	gekapselte Rollenkette
Getriebe	4-Gang
Reifen	vorn und hinten 2.75-16
Tankinhalt	8,7 l
Höchstgeschwindigkeit	75 km/h
Stückzahl	20.000
Preis	2.490 Mark

Technik satt: Simson baute die Enduro mit 70 cm³ Hubraum nur in geringer Stückzahl.

AUF EINEN BLICK	
Motor	Einzylinder-Zweitakt mit Umkehrspülung, luftgekühlt
Hubraum	69,9 cm³
Leistung	5,6 PS bei 6.000 U/min
Rahmen	Zentralrohr mit Unterzug
Federung	vorn Teleskopgabel, hinten Langschwinge mit hydraulisch gedämpften Federbeinen
Bremsen	Vollnabe, 125 mm
Endantrieb	gekapselte Rollenkette
Getriebe	4-Gang
Reifen	16-2.75
Tankinhalt	8,7 l
Höchstgeschwindigkeit	75 km/h
Stückzahl	17.250
Preis	1.751 D-Mark

Bei der 70er-Enduro kam alles zusammen, was die Suhler an Technik zu bieten hatten. Durch eine verstärkte Telegabel, deren Federn auch harte Schläge dämpften, konnten Leichtmetallfelgen verwendet werden. Der Auspuff wurde nach oben verlegt, Unterzüge verstärkten den Rahmen. Viel Luft blieb unter den hoch liegenden Kunststoffkotflügeln für die Selbstreinigungseigenschaft der Reifen. Die Kunststoffkotflügel waren aber erst lieferbar gewesen, nachdem Simson 2.500 Enduros mit herkömmlichen Kotflügeln in den Handel gebracht hatte. Dabei hatte das Werk von Anfang an Plastik versprochen. Ein typisches Problem der Planwirtschaft. Die machte die Ausstattung der Motorräder

unberechenbar. Nicht alles, was in den Prospekten stand, und bis heute dort nachzulesen ist, entsprach der Realität. Wohl um die Schlappe zu kaschieren, hieß das Kunststoffkotflügel-Modell dann S 70 E II. Ab 1989 wertete Simson die Enduro mit einer 12-Volt-Elektrik auf. Die Typenbezeichnung änderte sich in S 70 1E. Obwohl Geländesport beliebt war, verzeichnete der IFA-Vertrieb nur eine geringe Nachfrage. Vergleichsweise große Kontingente gingen in die BRD, wo die Firma Lange aus Stuttgart die Enduros verkaufte. Für die Gesellschaft für Sport und Technik (GST) fertigte Simson eine Kleinserie. Bei anderen Simsons war der Auspuff rechts verlegt, bei der ES zog er sich durch den linken Seitendeckel. ■

Zuverlässig: Der SR 50 ist aus dem ostdeutschen Straßenverkehr nicht wegzudenken.

Hätte ich mich an die Vorschriften gehalten, wäre der Roller nicht mal zur Wende fertig gewesen", erinnert sich Dipl.-Ing. Joachim Scheibe, damals Chefkonstrukteur und Direktor für Forschung und Entwicklung des IFA-Kombinats für Zweiradfahrzeuge. Beim Schwalbe-Nachfolger wollten die Ingenieure den Kunststoffanteil erhöhen. Jede Komponente musste allerdings vom zuständigen Ministerium in (Ost-)Berlin genehmigt werden. Weil Kunststoff knapp war, hätte das dauern können: Lange, sehr lange. Ewig. Also behalf sich der heutige Leiter des Fahrzeugmuseums Suhl auf andere Weise. 1986 waren die ersten Mokick-Roller fertig. Unter der Motorabdeckung, zwischen den Beinen des Fahrers, verrichtete der weiterentwickelte Simson-Motor mit 50 cm³ Hubraum sein zuverlässiges Werk. Die Basisversion „N" kam ohne Blinker aus und mit nur drei Gängen. Der „B3" hatte eine Blinkeranlage, die aus einer 6-V-Batterie gespeist wurde. Beim „B4" durfte der Fahrer vier Gänge schalten, zwei Spiegel vergrößerten seine Rück-Sicht, Fahrinformationen las er von einem Kombi-Instrument ab. Die Optik verbesserten unverkleidete Federbeine, mit denen inzwischen fast alle Roller nachgerüstet worden sein dürften. Die drei Stadtrollertypen sind am unlackierten Tank unter der Sitzbank zu erkennen – wenn er unlackiert geblieben ist. Aus dem ostdeutschen Straßenbild sind die Roller nicht wegzudenken. Ihr Alter von über 20 Jahren sieht man den offiziell 60 km/h schnellen SR 50 nicht an. ■

AUF EINEN BLICK	
Motor	Einzylinder-Zweitakt mit Umkehrspülung, luftgekühlt
Hubraum	49,8 cm³
Leistung	3,7 PS bei 5.500 U/min
Rahmen	Blech-Formteilrahmen
Federung	vorn Telskopgabel, hinten Langschwinge mit Federbeinen
Bremsen	vorn und hinten Vollnabe, 125 mm
Endantrieb	gekapselte Rollenkette
Getriebe	4-Gang
Reifen	vorn und hinten 3.00-12R
Tankinhalt	8,7 l
Höchstgeschwindigkeit	60 km/h
Stückzahl	103,170 (N und B3)
Preis	1.880 Mark (N) bis 2.365 Mark (B4)

*Simson SR 50 CE: Die Exportva-
riante für Österreich ist im Suhler Museum ausgestellt.*

AUF EINEN BLICK	
Motor	Einzylinder-Zweitakt mit Umkehrspülung, luftgekühlt
Hubraum	49,8 cm³
Leistung	3,7 PS bei 5.500 U/min
Rahmen	Blech-Formteilrahmen
Federung	vorn Teleskopgabel, hinten Langschwinge mit hydraulisch gedämpften Federbeinen
Bremsen	vorn und hinten Vollnabe, 125 mm
Endantrieb	gekapselte Rollenkette
Getriebe	4-Gang
Reifen	vorn und hinten 3.00-12R
Tankinhalt	8,7 l
Höchstgeschwindigkeit	60 km/h
Stückzahl	ca. 100.000
Preis	2.885 Mark

D as SR-Topmodell mit dem Buchstabenzusatz „CE" wurde auch ins Ausland exportiert, nach Westdeutschland unter der Bezeichnung „Bunny". Die komfortable Sitzbank mit Querrippung bot zwei Personen bequem Platz und sicheren Halt. Das 12-Volt-Bordnetz versorgte den Halogenscheinwerfer mit Strom. Die Zündung erfolgte erstmals elektronisch. Erstmals kam, zusätzlich zum Kickstarter, ein elektrischer Starter zum Einsatz. Der galt aber, zumindest bei den Besitzern der Roller in der DDR, als störanfällig. Das Basismodell, jetzt ebenfalls mit vier Gängen und 12-Volt-Elektrik, hieß ab 1989 SR 50/1 B und kostete 2.365 Mark. In Westdeutschland verkaufte die Firma Zweirad-Rüth im Hammelbach den voll ausgestatteten Roller für 2.350 D-Mark. Ein ungeregelter Katalysator kostete den Aufpreis von 200 DM. Die Motorleistung bei den Exportmodellen war gedrosselt, die Fahrleistungen den jeweiligen Landesbestimmungen angepasst. Der Roller für die BRD leistete 3,4 PS bei 5.000 U/min und erlaubte eine Geschwindigkeit von 50 km/h. Im Fahrzeugmuseum Suhl ist die Simson-Variante für Österreich ausgestellt. Die Motorleistung der Österreich-Variante war auf 3,1 PS bei 4.750 U/min reduziert worden, die Höchstgeschwindigkeit damit auf 40 km/h begrenzt. Wegen der mageren Vergasereinstellung und des thermisch robusten Motors habe es keine Probleme beim Einhalten der Abgasgrenzwerte gegeben, berichtet das Museum in Suhl. ■

Extravagant: Eine Enduro war etwas Besonderes, vor allem wenn sie aus dem Gelände kam.

Sah die Enduro zu bieder aus, die Simson zur Jahreswende 1981/1982 auf den Markt gebracht hatte? Oder noch zu sehr nach Straße? Ab 1987 brachten die Suhler die Enduro mit hochgezogenen Kunststoffkotflügeln heraus, die vorne direkt unter dem Lenkkopflager mit der Gabel verschraubt waren. Während es mit der ersten Enduro-Generation noch ratsam gewesen war, schweres Gelände zumindest bei Nässe zu meiden, konnten sich nunmehr die Erdklumpen nicht mehr zwischen Reifendecke und Kotflügel festsetzen. Das eigens vom VEB Reifenwerk Heidenau entwickelte Stollenprofil K 32 wies hinreichende Selbstreinigungseigenschaften auf. Ab 1989 kam die E mit neuer Elektrik als S 51/1E auf den Markt. Wie bereits

beim Vorgängermodell schützte das eingezogene Tankblech die Zündspule, die wegen ihrer Nässeempfindlichkeit ein chronisches Ärgernis gewesen war. Wenn man sich erst an das im wahren Wortsinn geradlinige Aussehen der Simson-Mokicks gewöhnt hat, muss man ihnen ein elegant-schlichtes Aussehen bescheinigen, bei dem das Sein mehr als der Schein war, wenn man an die Motorleistung denkt. Für die „Straßen-Enduro" mit den tiefen Kotflügeln galt das im doppelten und für die Enduro mit den hohen Kotflügeln im dreifachen Sinn. Gerüchten zufolge wurden viele Unterzüge abgeschraubt, weil sie das gute Aussehen beeinträchtigt hätten, oder – um einen Sachgrund anzuführen – weil sie bei einfachen Motorarbeiten im Weg waren. ■

AUF EINEN BLICK	
Motor	Einzylinder-Zweitakt mit Umkehrspülung, luftgekühlt
Hubraum	49,8 cm³
Leistung	3,7 PS bei 5.500 U/min
Rahmen	Zentralrohr mit Unterzug
Federung	vorn Teleskopgabel, hinten Langschwinge mit hydraulisch gedämpften Federbeinen
Bremsen	Vollnabe, 125 mm
Endantrieb	gekapselte Rollenkette
Getriebe	4-Gang
Reifen	vorn und hinten 2.75-16
Tankinhalt	8,7 l
Höchstgeschwindigkeit	60 km/h
Stückzahl	231.500 (Enduros gesamt)
Preis	2.390 Mark

121

Simson S 53
Späte Ablösung

Übergangsmodell: Das S 53 wurde vor der Wende aufgelegt und danach weitergebaut.

AUF EINEN BLICK	
Motor	Einzylinder-Zweitakt mit Umkehrspülung, luftgekühlt
Hubraum	49,8 cm³
Leistung	3,7 PS bei 5.500 U/min [1]
Rahmen	Zentralrohrrahmen
Federung	vorn Teleskopgabel, hinten Langschwinge mit hydraulisch gedämpftem Federbein
Bremsen	vorn und hinten Vollnabe, 125 mm
Endantrieb	gekapselte Rollenkette
Getriebe	4-Gang [1]
Reifen	vorn und hinten 2.75-16
Tankinhalt	8,7 l
Höchstgeschwindigkeit	60 km/h [1]
Stückzahl	10.500 (S 53 gesamt)

[1] Angaben gem. Fahrzeugmuseum Suhl

Im Herbst 1989 ging die Saat auf, die in den Jahren zuvor in den Boden gebracht worden war. Die Fachleute hatten längst gewusst, dass ein neues Mokick fällig war. Sie hatten an ein S 52 gedacht, sogar ziemlich konkrete Gestalt hatten die Pläne angenommen. Es hätte Ende des Jahrzehnts das S 51 ablösen sollen. Aber die Entwicklungsgelder waren – wieder mal – nicht bereitgestellt worden. Die Obrigkeit hatte substanzielle Änderungen verhindert. So musste Simson aus dem Stegreif arbeiten, als in Suhl der Wind der Marktwirtschaft aufkam. Nach zehnjähriger Produktionszeit des S 51 brauchte Simson ein neues Mokick, um mit der modernen Technik und dem zeitgemäßen Design der Konkurrenz mithalten zu können. Was blieb, war eine optische Aufwertung des Vorhandenen. So wurde aus der S 53 ein typisches Modell der Übergangszeit: während der Wende von Simson aufgelegt und danach von der Simson Fahrzeugbetrieb GmbH fortgeführt. Fahrwerk und Motor kamen vom Vorgänger, das neue Aussehen erzeugte der Tank, die neuen dreieckigen Seitenteile und der hintere Kotflügel bestanden aus Kunststoff. Das Basismodell blieb unverkleidet, die Scheinwerfer der gehobenen Typen umgab ein Windabweiser. Alle Varianten hatten eine Blinkeranlage. Das Aussehen der S 53 galt als gelungen. Dennoch entsprach die über vier Jahre produzierte Stückzahl nur dem, was Simson früher innerhalb weniger Monate verkauft hatte. ■

Technik veraltet, Optik erneuert, Aussehen gut: Das Resultat des verhinderten Fortschritts.

Die Simson S 53 CX ist eine optische Weiterentwicklung der S 53 N, B, C und E. Erstaufgelegt unmittelbar nach der Wende, konnte sie mit keinen wesentlichen technischen Neuerungen aufwarten, nur mit einer aufgepeppten Optik, einer Scheibenbremse am Vorderrad und Aluminiumgussrädern. Fahrzeuge dieser Zeit und Baureihe, die bis zum 28. Februar 1992 zugelassen wurden, zehrten noch von der ostdeutschen Moped-Regelung, die eine Höchstgeschwindigkeit von 60 km/h zuließ. So kamen die Modelle mit 50 cm³ Hubraum in zwei Leistungsvarianten auf den Markt. Das erklärt, warum für diese Modelle in der Fachliteratur unterschiedliche Leistungsdaten angegeben werden. Die mit einer Höchstgeschwindigkeit von 60 km/h hatten 3,7 PS bei 5.500 U/min, die mit 50 km/h 3,3 PS bei 5.300 U/min. Zusätzlich lieferte Simson eine S 83 mit 69,9 cm³ Hubraum aus, deren Leistung mit 5,6 PS bei 6.000 Touren angegeben wurde. Ihre Höchstgeschwindigkeit war mit 75 km/h eingetragen. Alle 50er-Motoren hatten eine Verdichtung von 9,5:1, die 70er-Motoren eine von 10,5:1. Zum Vergleich: 1992 kauften 5.000 Personen ein Simson-Motorrad, zu Vorwendezeiten hatte Simson die gleiche Zahl mitunter pro Monat verkauft. Eine genaue Aufschlüsselung über die Produktionszahlen der einzelnen 53er-Modelle gibt es nicht. ∎

AUF EINEN BLICK	
Motor	Einzylinder-Zweitakt mit Umkehrspülung, luftgekühlt
Hubraum	49,8 cm³
Leistung	3,3 PS bei 5.300 U/min
Rahmen	Zentralrohrrahmen
Federung	vorn Teleskopgabel, hinten Langschwinge mit hydraulisch gedämpften Federbeinen
Bremsen	vorn Scheibenbremse, hinten Vollnabe, 125 mm
Endantrieb	gekapselte Rollenkette
Getriebe	4-Gang
Reifen	vorn und hinten 2.75-16
Tankinhalt	8,7 l
Höchstgeschwindigkeit	50 km/h
Stückzahl	ca. 10.500 (alle S 53)
Preis	ca. 3.500 D-Mark

Simson S 53/S 83
Duale Motorversionen bei gleichem Aussehen

Comfort-Variante: Mit gesteppter Sitzbank, geschwärztem Motor und verchromtem Auspuff.

AUF EINEN BLICK	
Motor	Einzylinder-Zweitakt mit Umkehrspülung, luftgekühlt
Hubraum	49,8 cm³
Leistung	3,3 PS bei 5.300 U/min
Rahmen	Zentralrohrrahmen
Federung	vorn Teleskopgabel, hinten Langschwinge mit hydraulisch gedämpftem Federbein
Bremsen	vorn und hinten Vollnabe, 125 mm
Endantrieb	gekapselte Rollenkette
Getriebe	4-Gang
Reifen	vorn und hinten 16-2,75
Tankinhalt	8,7 l
Höchstgeschwindigkeit	50 km/h
Stückzahl	10.500 (S 53 gesamt)
Preis	2.900 D-Mark

Nach dem 28. Februar 1992 entfiel für die Mokicks die V_{max} von 60 km/h. Ab 1991 setzte Simson wieder auf die Produktion dualer Motorversionen bei Mokicks identischen Aussehens. Es gab die S 53 mit 49,8 cm³ Hubraum und einer auf die gesetzlich vorgeschriebene Höchstgeschwindigkeit reduzierten Motorleistung. Daneben lieferte Simson die aufgebohrte S 83 mit 69,9 cm³ Hubraum und 5,6 PS bei 6.000 U/min. Die aufgebohrte Version hatte eine vom Werk angegebene Höchstgeschwindigkeit von 75 km/h. Beide Motorvarianten liefen – wie üblich – innerhalb der Toleranzen meistens etwas schneller als angegeben. Der Preis der S 83 lag 355 DM über dem der S 53. Dennoch befanden sich seit der Wende die Verkaufszahlen im freien Fall. Weil Simson keine neue Fahrzeugtechnik anbieten konnte, mixte der Betrieb die vorhandenen Komponenten immer wieder zu neuen Modell- und Ausstattungsvarianten. Eine der Kundschaft gefällige Königslösung – worauf das Werk wohl hoffte – gelang den Suhlern dabei nicht, zumindest keine mit durchschlagendem Verkaufserfolg. Aber die Typenpalette geriet im folgenden Jahrzehnt so breit wie schnelllebig. Zwangsläufig erscheinen deshalb in der Literatur, im Internet und in den Museen unterschiedliche Angaben, insbesondere über die Bauzeiten einzelner Typen und deren namentliche Zuordnung zu den Baureihen. ■

Wahlweise: Der Aluminiumbehälter war eine der Kaufoptionen beim Simson SD 50 LT.

Aus der DDR überliefert ist ein Sprichwort, wie Menschen aus dem wenigen, das es in der ewigen Mangelwirtschaft gab, richtige „Bonbons" machten. Druckfähig ist das Sprichwort allerdings nicht. Mit dem SD 50 LT bewiesen die Mitarbeiter der Suhler Fahrzeugwerk GmbH, dass ihnen diese Kreativität auch nach der Wende nicht abhanden gekommen war. Im Herbst 1992 kam das einzigartige Lastendreirad auf den Markt. Allerdings ein halbes Jahr zu spät, um noch unter die ostdeutsche 60-km/h-Regel zu fallen. Das Fahrzeug ist vorn bis zum Unterbau der Sitzbank mit dem SR 50 identisch. Dahinter ist ein Lastenrahmen mit einer Zweirad-Hinterachse angebaut. Das Dreirad konnte wahlweise mit einer Kunststoffwanne oder einem verschließbaren Aluminiumbehälter geliefert werden, realisierbar waren aber auch Aufbauarten mit abnehmbaren Transportboxen und Spezialhalterungen. Die Zuladung (inkl. Fahrer) belief sich auf 213 kg. Das SD 50 LT war für Kurzstreckentransporte entworfen worden. Auch eine Schaltautomatik und ein Elektroantrieb konnten beim SD 50 LT geordert werden, sogar ein gedrosselter 25er-Mofamotor. Die Produktion der Dreiräder wurde auch nach der Werksumstrukturierung '96/97 von der Simson Zweirad GmbH fortgesetzt. Produktionszahlen sind nicht verfügbar. Der konstruktive Ansatz entsprach gedanklich den ehedem improvisierten Beiwagen-Motorrädern der LPGs, die für landwirtschaftliche Transporte genutzt worden waren, deren Eigenbau-Beiwagen aber mitunter nie eine technische Abnahme gesehen hatten. ■

AUF EINEN BLICK	
Motor	Einzylinder-Zweitakt mit Umkehrspülung, luftgekühlt
Hubraum	49,9 cm³
Leistung	3,25 PS bei 5.500 U/min (Automatik: 5 PS bei 7.500 U/min)
Rahmen	Blech-Formteilrahmen
Federung	vorn Teleskopgabel, hinten Schwinge
Bremsen	vorn und hinten drei Vollnabe, alternativ vorn Scheibenbremse, hinten Vollnabe, Feststellbremse
Endantrieb	Rollenkette
Getriebe	4-Gang
Reifen	vorn und hinten 3.00-12R
Tankinhalt	6,5 - 8,7 l
Höchstgeschwindigkeit	45 km/h
Stückzahl	keine Angaben
Preis	3.200 bis 4.380 Euro

Simson Sperber 50 Beach Racer
Programmierte Entwicklung

Simson Beach Racer: Nach Angaben des Suhler Museums im unteren Preissegment angesiedelt.

AUF EINEN BLICK	
Motor	Einzylinder-Zweitakt mit Umkehrspülung, luftgekühlt
Hubraum	49,9 cm³
Leistung	5,1 PS bei 6.500 U/min
Rahmen	Stahlrohr mit Unterzügen
Federung	vorn Teleskopgabel, hinten Langschwinge mit Federbeinen
Bremsen	vorn und hinten Trommelbremse (ab 2000 vorn Scheibenbremse)
Endantrieb	Rollenkette
Getriebe	4-Gang
Reifen	vorn und hinten 17 Zoll
Tankinhalt	8,7 l
Höchstgeschwindigkeit	50 km/h
Stückzahl	keine Angaben
Preis	ab 2.710 D-Mark

War es für den Kunden die Qual der Wahl, weshalb Simson nicht genug Motorräder verkaufte? Jedes Modell gab es in unterschiedlichen Ausstattungen. So wie Simson es schon früher praktiziert hatte. Und in unterschiedlichen Leistungsvarianten. Wie Simson es früher nicht praktiziert hatte. Aus dem Simson S 53/83 E wurden 1993/1994 das S 53/83 alpha und beta. „alpha" bezeichnete die Straßen-, „beta" die Enduro-Version. Dann zauberte Simson in der zweiten Hälfte der 90er-Jahre die alten Vogelnamen aus dem Hut. Die Suhler Zweiradfamilie entfaltete sich zu einer nahezu unüberschaubaren Breite. Die Stammbäume der Typen sind kaum auszumachen, vereinzelt widersprechen sich sogar die „amtlichen" Angaben. Aus dem beta lebte 1998 die Enduro-Version des Sperber 50 auf, Fun Bike genannt und Beach Racer geheißen. Der hintere Teil des Fahrwerks bestand aber nicht – wie beim Sperber 50 (Straße) – aus einer Schwinge mit zentralem Federbein. Damit entsprach das Fahrwerkprinzip dem der S 53 E. Neben der 50er war ab 1997 ein Sperber 80 Beach Racer im Angebot mit 69,9 cm³ Hubraum, 5,6 PS bei 6.000 U/min und 75 km/h. 1998 kam ein Sperber 25 Beach Racer als Mofa dazu. Simson scheint die Komponenten immer wieder gemischt und neue Modelle komponiert zu haben. Was dem Betrieb fehlte, waren neue Entwicklungen und die Identifikation der Marke als zugkräftiges Label. ■

Vielfalt: Ab 1994 bekam der Roller den Zusatz „Gamma", er hieß auch „Star" und „Classic".

Auch im vereinten Deutschland rollten neue Roller aus Suhl. Aber mit reduzierter Höchstgeschwindigkeit. Und auch nicht gleich, sondern erst später. Der alte VEB Simson war am Ende der Wende zu einer GmbH geworden. Ihr war eine kurze Lebenszeit beschieden. Ihr schnelles Aus förderte eine bemerkenswerte Kombination der Protagonisten. Die Simson Fahrzeug GmbH „… wurde auf Betreiben von Gewerkschaft und Treuhandanstalt bereits am 06.12.1990 in den Konkurs geführt" [1]. Der Versuch, das ostdeutsche Moped-Privileg (60 km/h-Höchstgeschwindigkeit) in das gesamtdeutsche Gesetzeswerk zu retten, war schon vorher gescheitert. Im November 1991 gründete sich die Suhler Fahrzeugwerk GmbH.

Sie wiederbelebte die Rollerproduktion. Im Frühjahr 1993 kam der „neue" SR 50 heraus. Der kaum veränderten Technik war eine Karosserie aus Kunststoff aufgesetzt worden. In den Papieren blieb er der SR 50/1, auch wenn er ab 1994 den Zusatz „Gamma" bekam und ab 1996 die Bezeichnungen „Star" und „Classic". Das Basismodell im Stil der Erstauslieferung 1986 blieb als Classic im Programm. Mitte der 90er-Jahre gab es den Roller auch mit aufgebohrtem Hubraum als SR 80. Die Zahl täuschte, der Hubraum war nur auf knapp 70 cm^3 vergrößert worden, 5,6 PS beschleunigten den Roller auf 75 km/h. Allerdings nicht nur zu einem um knapp 100 Euro erhöhten Kaufpreis, natürlich brauchte er auch ein „richtiges" Kennzeichen. ■

[1] Fahrzeugmuseum Suhl, Joachim Scheibe/Joern Greiser, Fahrzeugmuseum Suhl e.V., November 2008, Seite 11

AUF EINEN BLICK	
Motor	Einzylinder-Zweitakt mit Umkehrspülung, luftgekühlt
Hubraum	49,8 cm^3
Leistung	3,3 PS bei 5.500 U/min
Rahmen	Blech-Formteilrahmen
Federung	vorn Teleskopgabel, hinten Langschwinge mit hydraulisch gedämpften Federbeinen
Bremsen	vorn und hinten Vollnabe, 125 mm
Endantrieb	Rollenkette
Getriebe	4-Gang
Reifen	vorn und hinten 3.00-12R
Tankinhalt	8,7 l
Höchstgeschwindigkeit	50 km/h
Stückzahl	5.100
Preis	ab 1.790 Euro

Simson SR 80/1 XCE
Identitätsstiftende Weiterentwicklung

Gewichtsverteilung: Der luftge-kühlte Zweitakt-Frontmotor ver-sprach gutes Handling.

Roller mit Seltenheitswert: Der XCE zeigt, wie alte Technik er-folgreich ausgereizt wurde.

AUF EINEN BLICK	
Motor	Einzylinder-Zweitakt mit Umkehrspülung, luftgekühlt
Hubraum	69,9 cm³
Leistung	5,6 PS bei 6.000 U/min
Rahmen	Blech-Formteilrahmen
Federung	vorn Teleskopgabel
Bremsen	vorn und hinten Vollnabe, 125 mm
Endantrieb	Rollenkette
Getriebe	4-Gang
Reifen	vorn und hinten 3.00-12R
Tankinhalt	8,7 l
Höchstgeschwindigkeit	75 km/h
Stückzahl	keine Angaben
Preis	keine Angaben

In der DDR war nicht alles so genau, wie es im Westen immer hieß. Nach der Wende intensivierte sich diese Situation. Altes wurde abgeschafft, blieb aber teilweise erhalten, Neues kam hinzu und wurde mit Althergebrachtem vermengt. Das spiegelte sich nach der Wende auch in der Modellpolitik bei Simson wider. Die wirkt unübersichtlich, zumindest aus heutiger Sicht. Alte Modelle waren nicht mehr zugkräftig, aber auf sie stützte sich die spezifische Simson-Tradition. Gelder für Investitionen und Neuentwicklungen fehlten. So blieb nur, die alte Technik auszureizen und sie mit einem neuen, aber dem alten ähnlichen Kleid identitätsstiftend zu verkaufen. So geschehen beim Roller SR 80/1 XCE.

Noch vor der Wende als „CE" aufgelegt, mutierte er unter der Ägide der Suhler Fahrzeugwerk GmbH zum „XCE". Kleine Veränderungen, vor allem optischer Art, aber auch ein elektrischer Starter, bescherten dem Roller das „X" in der Typenbezeichnung. Das Leergewicht hatten die Suhler um gute fünf Kilogramm reduziert, die Höchstgeschwindigkeit gegenüber dem CE um 5 km/h höher datiert. Bei dem hier abgebildeten SR 80/1 XCE von Ralf Meyer aus Magdeburg fällt der verkleidete eckige Scheinwerfer auf, im Vergleich zu den älteren Simson-Rollern. Die Anzahl der produzierten Roller ist aufgrund der Gemengelage mit den anderen 50ern und 80ern von Simson nicht bekannt. ■

Den Namen Star verwendete die Simson GmbH mehrfach wieder. Zuerst bei der SR 50-Baureihe, also bei jenen Rollern, die in der ersten Hälfte der 90er-Jahre geholfen hatten, die GmbH zu stabilisieren. Die Optik des zweiten Stars – in der Simson-Geschichte genau genommen der dritte Star – sah anders aus: Ein Beleg, was Farbgestaltung und ein neuer Schwung der Linien bewirken können. Wie das Fahrzeugmuseum in Suhl erklärt, habe das Aussehen die Firma Gotha Design entworfen. Unter der Verkleidung erfolgte ein Paradigmenwechsel. Zum ersten Mal wurde bei einem Simson-Roller, also einem Suhler Traditionsgefährt, ein zugekaufter Moto-Morini-Motor eingesetzt. Dessen Leistung sei dann noch von Simson gesteigert worden, so das Suhler Fahrzeugmuseum. Den Motor gab es in zwei Ausführungen, als 50er und 100er. Der „Star 100" hatte 95 cm³ Hubraum und eine Leistung von 9,7 PS. Die V_{max} ist mit 90 km/h angegeben. Die Fachpresse attestierte dem Star eine „unerschütterliche Fahrstabilität". Ursächlich dafür waren die 12-Zoll-Reifen unter dem stabilen Rohrrahmen. Den letzten Star gab es auch mit Katalysator und Automatik. Dennoch interessierte sich fast niemand für diesen Roller, weder Neukunden, noch angestammte Simson-Fans. Produktionszahlen sind unbekannt. Über die Produktionszeit des letzten Stars gibt es unterschiedliche Daten, das Suhler Museum gibt sie mit „1995 bis 2000" an. ∎

AUF EINEN BLICK	
Motor	Einzylinder-Zweitakt, Gebläsekühlung
Hubraum	95 cm³
Leistung	9,7 PS bei 7.700 U/min
Rahmen	Stahlrohr
Federung	vorn Teleskopgabel, hinten Zentralfederbein
Bremsen	vorn und hinten Vollnabe, 125 mm
Endantrieb	Rollenkette
Getriebe	Automatik
Reifen	vorn und hinten 3.00-12
Tankinhalt	10,5 l
Höchstgeschwindigkeit	90 km/h
Stückzahl	keine Angaben
Preis	5.045 D-Mark

Simson 50 Habicht Basic: Basis- und Mittelklasseversion waren an den Speichenrädern erkennbar.

AUF EINEN BLICK	
Motor	Einzylinder-Zweitakt mit Umkehrspülung, luftgekühlt
Hubraum	49,9 cm³
Leistung	3,3 PS bei 5.500 U/min
Rahmen	Stahlrohrrahmen
Federung	vorn Teleskopgabel
Bremsen	vorn und hinten Trommelbremsen
Endantrieb	gekapselte Rollenkette
Getriebe	4-Gang
Reifen	vorn und hinten 2.75-16
Tankinhalt	8,7 l
Höchstgeschwindigkeit	50 km/h
Stückzahl	keine Angaben
Preis	3.099 bis 4.444 D-Mark

Mitte der 90er-Jahre erinnerte sich der Suhler Mokickhersteller an die Namen der erfolgreichen Vogelfamilie. Den Anfang machte der Habicht. Er kam 1996 auf den Markt, zu jener Zeit, als Simson durch einen letzten Umstrukturierungsversuch gerettet werden sollte. Denn nach ein paar hoffnungsvollen Jahren, waren die Verkaufszahlen wieder zurückgegangen. Die 53er Modelle hatten keinen dauerhaften Verkaufserfolg gehabt. Bessere Verkaufszahlen erzielten nur die Roller. Den neuen Habicht gab es als 25er, 50er und 80er in unterschiedlichen Ausstattungsvarianten, wobei der 80er wie auch schon bisher 70 cm³ Hubraum hatte. Die 25er leisteten 1,56 PS, die 50er 3,3 PS und die 80er

5,6 PS. Das Einsteigermodell hieß Basic, das Mittelklassemodell kam ohne Zusatz aus und das Spitzenmodell markierte ein „S", kurz vor Produktionsende die Buchstabenkombination CX. Der Habicht S war an einer Scheibenbremse vorn, Druckgussspeichenrädern und verstellbaren Federbeinen zu erkennen. Diese Ausstattungsvariante orderte allerdings fast keiner. Alle Modelle gab es in der Farbe Silber, den S bzw. CX auch in der Farbe Kosmosblau. Die Habichte erwiesen sich als zuverlässige Mokicks. Die Verkaufszahlen bildeten für Simson jedoch keine dauerhafte Existenzgrundlage. Die Produktionszahlen des soliden Bikes lassen sich nicht einmal mehr detailliert belegen. ■

Mit dem Aufleben der früher zugkräftigen Vogelnamen wollte Simson wohl an die lange Tradition erinnern, wenn auch mit einem neuen Design. Dafür reaktivierte Simson ein altes Vorhaben – und es entstand ein Mokick, das mit diesem Fahrwerk längst auf dem Markt hätte sein können. Ein S 52 hatten die Suhler längst im Kopf gehabt, aber erst mangels Entwicklungsgelder und dann wegen der Turbulenzen beim Umstellen auf die Marktwirtschaft zu den Akten legen müssen. Jetzt, beim letzten Anlauf das Werk zu retten, durften sie die Pläne wieder aus der Schublade holen. Allerdings nur soweit es das Fahrwerk betraf. Es ging um die Hinterradschwinge mit Zentralfederbein, so wie sie beim S 52 geplant gewesen war, vor knapp zehn Jahren. Das

Getriebe hatte jetzt erstmals fünf Gänge. Ab 1997 konnte eine Frischöldosierung geordert werden. Obwohl der neue Sperber pfiffig aussah und sich auch so fuhr, entsprachen die Verkäufe nicht den Erwartungen. 1999 war vorübergehend ein Sperber 50 Sport im Angebot. Eine Vollverkleidung für 50 km/h war wohl übertrieben, so wie der Preis. Die Sport-Ausführung wurde zum Ladenhüter. Im Nachhinein wird der unzureichende Sperber-Absatz mit den zu hohen Neupreisen erklärt. Genaue Verkaufszahlen sind nicht mehr aktenkundig. Für viele Inhaber der Führerscheinklasse 3 waren die 50er ohnehin weniger interessant geworden, denn mit ihrer Fahrerlaubnisklasse durften sie ab jener Zeit bereits 125er fahren. ■

AUF EINEN BLICK	
Motor	Einzylinder-Zweitakt mit Umkehrspülung, luftgekühlt
Hubraum	49,9 cm³
Leistung	5,1 PS bei 6.500 U/min
Rahmen	Stahlrohr mit Unterzügen
Federung	vorn Teleskopgabel, hinten Schwinge mit Zentralfederbein
Bremsen	vorn Scheibenbremse, hinten Trommelbremse
Endantrieb	Rollenkette
Getriebe	5-Gang
Reifen	vorn und hinten 16 Zoll
Tankinhalt	8,7 l
Höchstgeschwindigkeit	50 km/h
Stückzahl	2.000
Preis	ab 4.170 D-Mark

Ausgestellt: In der privaten Sammlung in Benneckenstein steht eine der erhaltenen Shikras.

AUF EINEN BLICK	
Motor	Einzylinder-Viertakt, luftgekühlt
Hubraum	124 cm^3
Leistung	15 PS bei 11.800 U/min
Rahmen	Gitterrohr-Brückenrahmen
Federung	vorn Teleskopgabel, hinten Zentralfederbein
Bremsen	vorn und hinten Scheibe
Endantrieb	Rollenkette
Getriebe	5-Gang
Reifen	keine Angaben
Tankinhalt	18 l
Höchstgeschwindigkeit	110 km/h
Stückzahl	keine Angaben
Preis	6.840 D-Mark (Sport 7.380 D-Mark)

Simson stand mit leeren Händen da, als der Gesetzgeber 1996 das Führerscheinrecht liberalisierte und den Kreis derjenigen erweiterte, die eine 125er fahren durften. Die Suhler hatten das Angebot abgelehnt, bei der Entwicklung des Zschopauer 125er-Motors mitzumachen. Ein Fehler, wie Fachleute glauben. Aber eine Folge der Unabhängigkeit nach Jahren der erzwungenen Zusammenarbeit im IFA-Kombinat. Der Motor für die nach dem nordischen Greifvogel Shikra benannten 125er musste zugekauft werden. Der Honda-Lizenzbau aus Taiwan war kein Paradigmenwechsel wie beim letzten Star. Dazu hätte die Shikra in der Tradition der AWO stehen müssen, eine abwegige Vorstellung. Gleichwohl lief mit der Shikra nach 37 Jahren wieder ein

Suhler Viertakt-Motorrad vom Band. Dessen Entwicklung hatte Simson in einem Dreivierteljahr geschafft. Die im Schleudergussverfahren hergestellten Heckträger und Tanks verdienten Anerkennung. Gitterrohrrahmen und Zentralfederbein gaben der 125er ein modernes Aussehen. Zulieferprobleme verpatzten den Saisonstart. Erst im Herbst 1998 konnte die Shikra ausgeliefert werden. 1999 kam die teilverkleidete „Sport" dazu. Beide Modelle hatten E-Starter. Die großen Hoffnungen, die Simson an die Shikra geknüpft hatte, erfüllten sich aber nicht. Vielleicht, weil der Lizenzmotor viel Kummer machte. In die letzten Modelle baute Simson dann auch schon den Motor ein, der für die Simson 125 vorgesehen war. ■

Freizeithilfe mit Herchee-Motor: Das Simson-Funbike bekam 1999 den Designpreis Thüringen.

Die Suhler Fahrzeugfamilie wäre nicht vollständig gewesen, wenn es nicht auch eine Neuauflage des Spatzes gegeben hätte. Den präsentierte Simson 1999. Er war ein wenig von allem. Ein kleines Funbike also und eine Hilfe in allen Freizeitlagen, auf dem Träger hinter dem Wohnmobil oder als „Beibike" auf der Segel- oder Motorjacht. Eine derartige Rollenvielfalt wurde dem Spatz werbewirksam zugeschrieben. Die passende Größe vermittelte ihm Simson mit 12-Zoll-Rädern. Weitere Nettigkeiten für die unkomplizierte Freizeitnutzung des Spatz waren ein stufenloses Automatik-Getriebe,

elektrischer Starter und ein das Gewissen beruhigender Katalysator. Kurz vor dem endgültigen Aus von Simson kam der Spatz auch noch als Mofa auf den Markt. Obwohl sich dieser Spatz ordentlich verkaufte, reichte das Umsetzvolumen von 1.200 Mokicks nicht aus, um Simson zu retten. Mit viel Fantasie hätte man sich diesen Spatz sogar als legitimen Nachfolger seines Vorgängers in den 60er-Jahren vorstellen können, wäre für den Antrieb des neu aufgelegten Vogels kein Herchee-Motor aus Taiwan zugekauft worden. Das Mini-Mokick erhielt 1999 den Designpreis Thüringen. ■

AUF EINEN BLICK	
Motor	Einzylinder-Zweitakt, Gebläsekühlung
Hubraum	49,9 cm³
Leistung	3,2 PS bei 7.000 U/min
Rahmen	Gitterrohrrahmen
Federung	vorn Teleskopgabel, hinten Langschwinge mit Federbeinen
Bremsen	vorn und hinten Trommelbremse
Endantrieb	Rollenkette
Getriebe	Automatik
Reifen	12-Zoll-Räder
Tankinhalt	9,5 l
Höchstgeschwindigkeit	50 km/h
Stückzahl	ca. 1.200
Preis	1.800 Euro

Simson 125
Ein letzter Versuch

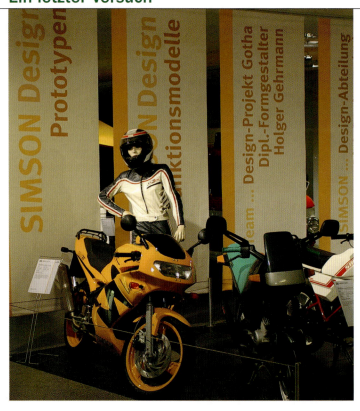

Anfang und Ende: Mit der AWO/Simson 425 (rechte Seite) bauten die Suhler ein grandioses Motorrad. Mit der Simson 125 (diese Seite) versuchten die verbliebenen Werksmitarbeiter an alte Zeiten anzuknüpfen – ohne Erfolg …

AUF EINEN BLICK

Motor	Einzylinder-Viertakt, luftgekühlt
Hubraum	125 cm^3
Leistung	13,6 PS bei 9.500 U/min
Rahmen	Gitterrohr-Brückenrahmen
Federung	vorn Teleskopgabel
Bremsen	vorn und hinten Scheibe
Endantrieb	Rollenkette
Getriebe	6-Gang
Reifen	keine Angaben
Tankinhalt	18 l
Höchstgeschwindigkeit	110 km/h
Stückzahl	220
Preis	7.200 D-Mark

Nachdem die Shikra nicht den gewünschten Erfolg eingefahren hatte, sollte die Simson 125 verlorenen Boden gut machen. Der Rahmen glich dem des Vorgängermodells, aber der Auspuff war weit nach oben gezogen. Neuerungen gab es beim Motor und dem Getriebe. Der Viertakt-Einzylinder kam vom italienischen Hersteller Moto Morini. Er war auch bereits in die letzten Shikras eingebaut worden, der taiwanesische Lizenzmotor von Honda hatte viel Ärger verursacht. Die Motorleistung wurde bei der 125er erstmals – wie in dieser Klasse üblich – mit einem 6-Gang-Getriebe auf die Straße gebracht. Für 700 Euro gab es die vollverkleidete RS. Der Erfolg blieb beiden Modellen versagt, vielleicht auch, weil es Simson in den Jahren nach der Wende nicht gelungen war, im Westen ein halbwegs flächendeckendes Vertriebs- und Partnernetz aufzubauen. Unglücklich war auch, dass die Zschopauer gleichzeitig ihre neuen MZ 125 heraus brachten. So blieb den Suhler Modellen die Aufmerksamkeit versagt, die ihnen bei einem Solo-Auftritt in der Öffentlichkeit beschieden gewesen wäre. Ganz zu schweigen von den Alternativen, die sich für die Kunden auftaten. Eine auch nur begrenzte Kooperation hat es zwischen den beiden ostdeutschen Motorradherstellern nach der Wende nie gegeben. Nach der erzwungenen Zusammenarbeit im IFA-Kombinat war das Unabhängigkeitsstreben der Suhler zu groß gewesen, wie Werkinsider glauben. ■

Die Lenkung: Beim Piccolo Duo per Seilzug, beim Duo 4/1 über Gelenkhebel.

Restauriert in Berthelsdorf: Ein Duo 4/1, hergestellt von der Brandis im Jahr 1977.

Behindertengerechte Bedienung mit Handhebeln: Ein Duo beim Starten und Anfahren.

Die DDR war ein Sozialstaat – auch im Straßenverkehr. Behinderten Menschen bezahlte die Sozial- und Krankenversicherungsanstalt das Krankenfahrzeug Duo, auf Antrag und gegen Vorlage eines ärztlichen Attests. Die ersten motorisierten Krankenfahrzeuge hatte es bereits gegen Ende der 50er-Jahre gegeben. Das waren Modelle vom VEB Medizintechnik Dohna und Piccolo Trumpf. Dann kamen Anfang der 70er die Simson Duo, wobei die Bezeichnung eigentlich falsch ist. Simson war nie der Hersteller. Aus Suhl kamen nur wesentliche Komponenten. Deshalb bürgerte sich der Name ein, wegen des Motors und der Drei-Gang-Halbautomatik von der Schwalbe. Das Duo gab es in fünf Baureihen: Das Piccolo Duo 4, dann zweimal das Duo 4/1 von FAB Brandis und

VEB Robuhr sowie zweimal das Duo 4/2 vom VEB Robuhr und – nach der Wende – von der VAB Brandis GmbH. Das Duo gab es mit 3,6 und 3,7 PS, mit drei und mit vier Gängen. Bevor die 4-Gang-Version mit E-Starter gebaut wurde, hatte das Duo den herkömmlichen Kickstarter-Mechanismus. Der Fahrer zog einen links vom Gefährt liegenden langen Hebel nach oben, der beim Loslassen von einer Feder gezogen nach unten schnellte und als Kickstarter wirkte. Nach einer festgelegten Nutzungsdauer endeten die Besitzrechte der Sozialversicherung am Duo, das Fahrzeug ging in das Eigentum des Nutzers über. Er durfte ein neues beantragen und das gebrauchte Duo verkaufen – deren Besitz war auch gesunden Menschen erlaubt. ■

AUF EINEN BLICK	
Motor	Einzylinder-Zweitakt mit Umkehrspülung, Gebläsekühlung
Hubraum	49,6 cm³
Leistung	3,6 PS
Rahmen	Käfig
Federung	hydraulisch
Bremsen	Innenbacken, 125 mm
Endantrieb	gekapselte Rollenkette
Getriebe	3-Gang-Halbautomatik
Reifen	vorn 1.90, hinten 2.20
Tankinhalt	14 l
Höchstgeschwindigkeit	55 km/h
Stückzahl	25.800 (gesamt)

Ungefragt zum Roller-Bau

Zweiräder hatte das Werk noch nie gebaut. Die Entscheidung schlug deshalb in Ludwigsfelde ohne Vorwarnung ein. Die Hauptverwaltung (HV) Automobilbau des Ministeriums für Maschinenbau beauftragte den ehemaligen Flugzeugmotorenhersteller, den Bau einer neuen Rollergeneration in die Wege zu leiten. Als Rüstungsbetrieb des Daimler Benz-Konzerns war das Werk nach dem Krieg demontiert worden. Erst Ende der 40er-Jahre begann eine kleine Reparaturwerkstatt wieder aufzuleben. Mit der Gründung des VEB Industriebetriebe Ludwigsfelde am 1. März 1952 erweiterte sich das Produktionsspektrum zunächst auf die Herstellung von Werkzeugmaschinen, während der nächsten Jahre auf Schiffs-, Renn- und – wieder – Flugzeugmotoren. Auch Ölbrenner und Dieselkarren stellten die Ludwigsfelder her. Ihre Vielseitigkeit bewiesen sie mit dem Bau der Geländewagen P2 und P3.

Der Anlauf der Rollerproduktion war für 1954 geplant. Es sollte länger dauern. Der Aufstand am 17. Juni 1953 war den Machthabern eine Lehre gewesen, auch wenn sie das offiziell nie zugaben. Aber selbst die Sowjets hatten vorher gewarnt, das Regime möge der Bevölkerung gegenüber weniger rigide auftreten. Jetzt galt es, die Lebensqualität der DDR-Bürger zu verbessern. Zwar sollte auch in Zwickau mit dem P 50 (dem Vorgänger des Trabi) ein ostdeutscher Volkswagen entstehen, dass dessen Produktionszahlen die Nachfrage bei weitem nicht decken würden, erschloss sich aber selbst den Betonköpfen im Politbüro. Deshalb musste ein Roller als Ergänzung oder sogar als die kleinere Ersatzlösung her. Eine Kalkulation, die

Die IWL-Roller waren damals ideal für kleine Familien. Sie waren für die meisten die Vorstufe zum Auto.

Verbesserte Lebensqualität: Die IWL-Roller gewährleisteten individuelle Mobilität.

sich im Nachhinein bestätigte. Denn bei den Rollerbesitzern war der Anteil derjenigen, die sich später ein Auto kauften, größer als bei den Motorradbesitzern.

Die HV-Leitung stellte im September 1953 unter Leitung von Roland Berger ein Kollektiv aus Ingenieuren und Technikern zusammen. Sie hatten genau 81 Tage Zeit – bis zum 21. Dezember, dem Geburtstag Stalins – Konstruktionsunterlagen zu erstellen und ein Versuchsmuster zu bauen. Was auch gelang. Ob

sich der sowjetische Diktator von dieser Ergebenheitsadresse aus Ostdeutschland beeindruckt zeigte, ist nicht überliefert. Aber in der DDR war die termingerechte Vorstellung eine große Show, den die gleichgeschaltete Tagespresse eindrucksvoll zelebrierte. Die etwas freier agierende Fachpresse brauchte dazu ohnehin keine Einladung. Von Neuigkeiten dieser Art lebte die Auflage. Auch in der DDR. Danach wurde es allerdings wieder ruhig um die Rollerproduktion.

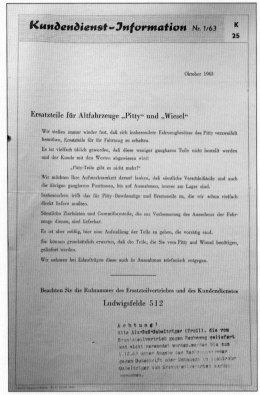

Heißes Thema: IWL wehrt sich gegen den Vorwurf unzureichender Ersatzteilversorgung.

Am 1. Februar 1955 lieferte IWL mit dem Pitty den ersten Roller aus. Wie alle anderen Betriebe, die Rohstoffe verarbeiteten, musste sich auch IWL stets mit dem Mangel an Tiefziehblech herumschlagen. Bei den Rollern aus Ludwigsfelde war dieses Material noch üppiger verbaut als bei den späteren Simson-Rollern. So bestimmten dann auch mehr die Zulieferungen die Produktionszahlen als die eigenen Kapazitäten. Natürlich musste auch IWL mit der Zeit gehen und passte die vier produzierten Rollertypen jeweils dem Stand der Technik an. Aber gerade dadurch erwuchs dem Werk, wie übrigens auch den anderen Herstellern in Zschopau und Suhl, auf unscheinbare Weise ein Defizit. Die staatlich verordnete Festpreisbindung erlaubte Preiserhöhungen nur dann, wenn ein neues Produkt eine innovative Weiterentwicklung war, die über den tatsächlichen Gebrauchswert des „alten" Produkts hinausging. So etwas zu begründen, fiel

schwer. Noch schwerer fiel es, eine entsprechende Entscheidung zu treffen, galt es doch, die geheiligten Prinzipien des Sozialismus zu verteidigen. Also musste ein Hersteller neue Produkte teurer bauen, durfte aber die gestiegenen Kosten an den Endverbraucher nicht weitergeben.

Zum Jahresende 1964 kam nach dem Bau von vier soliden Roller-Baureihen und einem originellen Rolleranhänger, an dem auch der Seitenwagenhersteller Stoye mitgewirkt hatte, das Aus. Die ostdeutschen Wirtschaftslenker strapazierten erneut die Vielseitigkeit der Ludwigsfelder. Der Betrieb in der ostdeutschen Streusandbüchse, wie jene Region südlich von Berlin gerne genannt wird, musste die Fertigung des Lkw IFA W 50 übernehmen.

1936 Daimler Benz errichtet in Ludwigsfelde ein Flugzeugmotorenwerk

1937 Erster Flugzeugmotor wird fertiggestellt

1945 Übernahme des Werks durch die Besatzungsmacht

1948 Autoreparaturen durch Kraftwagenwerk Ludwigsfelde

1951 Gründung des VEB IWL (Industriewerke Ludwigsfelde)

1953 Gründung eines Kollektivs zur Rollerentwicklung

1955 Produktion des Pitty läuft an

1956 Wiesel kommt auf den Markt

1957 Konstruktion des Einradanhängers Campi beginnt

1958 Typengutachten für Kindersitz

1959 Berlin löst Wiesel ab

1960 Campi wird ausgeliefert

1962 Bauernkongress fordert mehr Allradfahrzeuge

1963 Troll 1 wird produziert

1964 Rollerfertigung in Ludwigsfelde wird eingestellt

1965 IWL hat auf Lkw-Produktion umgestellt, erster W 50 wird fertiggestellt

1978 Umbenennung in VEB-IFA Kombinat Nutzfahrzeuge Ludwigsfelde

1986 Fertigung des L 60 wird aufgenommen

1990 Ende der W 50- und L 60-Produktion

1991 Übernahme durch die Treuhand, Gründung von zwei Nutzfahrzeugbetrieben, Übernahme durch Daimler Benz

Der ostdeutschen Hauptstadt gewidmet: Eine Ergebenheitsadresse an die Hauptstadt der DDR? Der Rollerbau war eine politische Entscheidung, in Folge des Aufstands am 17. Juni 1953.

Kunstvoll gestaltet: Das Firmenemblem. Es drückte das Selbstverständnis des Herstellers und seine Wertarbeit aus. Heute sind dies beliebte Sammlerstücke.

Hoher Blechanteil: Wie eine Glocke legt sich die Verkleidung über die Technik des Pitty.

AUF EINEN BLICK	
Motor	Einzylinder-Zweitakt mit Umkehrspülung, Gebläsekühlung
Hubraum	123 cm³
Leistung	5 PS bei 5.000 U/min
Rahmen	geschweißter Rohrrahmen
Federung	vorn Schwinggabel, hinten hydraulisch gedämpfte Triebsatzschwinge
Bremsen	vorn und hinten Innenbacken, 150 mm
Endantrieb	gekapselte Rollenkette
Getriebe	3-Gang
Reifen	vorn und hinten 3.50-12
Tankinhalt	8 l
Höchstgeschwindigkeit	70 km/h
Stückzahl	11.293
Preis	2.300 Mark

Wer auf die Idee mit dem Namen „Pitty" kam, ist unbekannt. Beim ersten Roller aus Ludwigsfelde ist eine optische Ähnlichkeit mit West-Fahrzeugen jener Zeit, wie dem Heinkel und dem Goggo, nicht zu übersehen. Die scheinbare „Klassen"-Verwandtschaft hatte allerdings seinen Preis: Der Roller war üppig mit Blech verkleidet, und Blech war in der DDR Mangelware. Aus heutiger Sicht wirkt der Stadtroller beinahe wie ein Schiff auf zwei Rädern. Die Blechverkleidung war allerdings wartungsfreundlich, sie ließ sich leicht demontieren. Ihre ausladende Dimensionierung hielt Nässe und Straßenschmutz auf Distanz. Markant und gewöhnungsbedürftig beim Lenken ist das vom Schutzblech verdeckte Vorderrad. Es ist an einer ungedämpften Langschwinge montiert. Der Federweg hat eine Länge von sieben Zentimetern. Der Antriebsblock hängt an einer Triebsatzschwinge, die sich mit je zwei Stoßdämpfern und Federn gegen das Heck des stabilen Rohrrahmens stützt. Den 5 PS des Zschopauer RT 125/1-Motors setzten die 140 kg Nettogewicht des Rollers enge Grenzen. Der zwingend erforderliche Dauereinsatz des aufgesetzten Lüfters zweigte zusätzlich Leistung ab. Deshalb musste sich der Fahrer mit einer Höchstgeschwindigkeit von 70 km/h begnügen. Nach etwas mehr als einem Jahr endete die Pitty-Produktion zugunsten des Wiesels. ∎

Im Vergleich zum Pitty war der Wiesel ein Renner, was sowohl die Verkaufszahlen betraf, als auch die auf 75 km/h gesteigerte Höchstgeschwindigkeit. Sein Schwerpunkt war niedrig, das Handling ausgezeichnet, die Seitenwindempfindlichkeit tendierte gegen Null. 20 kg Gewicht hatte der Roller abgespeckt. Die Vorderachskonstruktion blieb fast identisch mit dem Pitty, aber die überbordende, starr mit der Karosserie verbundene Vorderrad-Verkleidung gab es nicht mehr. Sie war durch einen separaten, mitschwenkenden Kotflügel über dem Vorderrad ersetzt worden. Schlaglöcher übertrug der Wiesel ebenso ungeniert wie sein Vorgänger. Hinten hatte IWL die Federung durch eine Parallelschwinge mit Drehstabfeder ergänzt. Anschläge im Inneren des Kotflügels garantierten, dass sich

auch bei gebrochenen Torsionsstäben das Hinterrad frei drehen kann. Eine Windschutzscheibe gab es im Zubehör für 56,60 Mark. Nur ein paar Kleinigkeiten störten. Weil die Sitzbank keinen Seitenhalt bot, organisierten sich viele Wiesel-Besitzer Einzelsitze. Der *Deutsche Straßenverkehr* erklärte in der Ausgabe 11/1957 süffisant, das Wiederaufsetzen der hinteren Rollerverkleidung gerate durch das Einfädeln der Gummiköder „je nach Temperament zu einem mehr oder weniger erregenden Geduldsspiel". Eigentlich hätte IWL auf den Wiesel richtig stolz sein können, wäre da nicht jener Testbericht gewesen, in dem die DS-Redaktion dem Werk in peinlicher Genauigkeit einen weitreichenden Mangel an Kundenorientierung vorrechnet (nachzulesen unter www.iwl-roller.de). ■

Gelungen: Der „Wiesel" war gut, doch es scheint an Kundenorientierung gefehlt zu haben.

AUF EINEN BLICK	
Motor	Einzylinder-Zweitakt, Gebläsekühlung
Hubraum	123 cm³
Leistung	5,2 PS bei 5.200 U/min
Rahmen	geschweißter Zentralrohrrahmen
Federung	vorn Schwinggabel, hinten Trapezschwinge mit Drehstab und Gummifederung
Bremsen	vorn und hinten Innenbacken, 150 mm
Endantrieb	gekapselte Rollenkette
Getriebe	3-Gang
Reifen	vorn und hinten 3.50-12
Tankinhalt	12 l
Höchstgeschwindigkeit	75 km/h
Stückzahl	57.400
Preis	2.300 Mark

IWL SR 59 Berlin
Untertriebenes Einsatzspektrum

Am Bodenblech des „Berlin" zu erkennen: Dieser IWL-Roller wird derzeit restauriert.

AUF EINEN BLICK	
Motor	Einzylinder-Zweitakt, Gebläsekühlung
Hubraum	143 cm³
Leistung	7,5 PS bei 5.100 U/min
Rahmen	geschweißter Zentralrohrrahmen
Federung	vorn Schwinghebel, Schraubenfeder, Reibungsdämpfung; hinten Trapezschwinge, Drehstabfeder, hydraulisch gedämpft
Bremse	vorn und hinten Innenbacken, 150 mm
Endantrieb	gekapselte Rollenkette
Getriebe	4-Gang
Reifen	vorn und hinten 3.50-12
Tankinhalt	12 Liter
Stückzahl	113.943
Höchstgeschwindigkeit	82 km/h
Preis	2.300 Mark

Zeitgleich mit der MZ RT 125/3 kam der SR 59 aus Ludwigsfelde zur Auslieferung. Das Industriewerk Ludwigsfelde bediente sich weiterhin der Motoren aus Zschopau. Der Motor war auf 143 cm³ aufgebohrt und die Leistung um ein PS auf 7,5 PS erstarkt. Vier Gänge ersetzten das ehemalige Dreiganggetriebe, wie es noch bei Pitty und Wiesel üblich gewesen war. Die neue Übersetzung und die gesteigerte Leistung sorgten für einen guten Anzug und respektable Endgeschwindigkeiten, auch im Zwei-Personen-Betrieb und mit beladenem Anhänger. Der in Ludwigsfelde während der „Berlin"-Produktion entwickelte und gebaute Einradanhänger wog 30 kg, saß auf einem Stahlrohrrah-

men und rollte auf derselben Reifengröße wie der SR 59. Ein eindeutiger Vorteil, unterwegs und bei der Vorratshaltung. Der Anhänger hieß „Campi", ein direkter Bezug zum vorgesehenen Verwendungszweck, der in der DDR so beliebten Art der Freizeitgestaltung. Aber selbstverständlich wussten die findigen DDR-Bürger den Anhänger auch für andere Transportzwecke zu nutzen. Mit dem Anhänger war für Fahrer und Beifahrer(in) das Problem des Gepäcktransports gelöst. Großzügig gestaltete Einzelsitze ließen auch längere Entfernungen bequem überstehen. Aufgrund des Einsatzspektrums darf die Bezeichnung „Stadtroller" (SR) durchaus als Untertreibung gelten. ∎

„Troll" (Tourenroller): Damals keine Übertreibung bei 90 km/h Höchstgeschwindigkeit.

Der Troll lehnte sich an die MZ ES 150 an. IWL übernahm von den Zschopauern den Motor, den Lenker, die vorderen und hinteren Federbeine sowie das markante eckige Lampengehäuse der ES. Die Langschwinge am Vorderrad war den kleineren Rädern des Rollers angepasst. Aus dem MZ-Motor kitzelten die Ludwigsfelder zusätzliche eineinhalb PS heraus. Das Fahrgestell war an einem geschweißten Kastenprofilrahmen montiert, die hintere Blechverkleidung bestand aus zwei Schalen. Auf ein Reserverad mussten die Troll-Besitzer verzichten. Vielleicht baute IWL darauf, dass auch Motorräder keine Reserveradhalterung haben. Kein Problem hatte der Roller damit, den Campi zu ziehen. Bei der neuen Sitzbank und einigen anderen Details scheinen die Ludwigsfelder die Kritik des *Deutschen Straßenverkehrs* (siehe Wiesel-Portrait) erhört zu haben. Ob die Verkaufszahlen wirklich rückläufig waren, und wenn ja, ob wegen der guten Konkurrenzprodukte aus Suhl und Zschopau, oder ob in Wahrheit die Lkw-Fertigung Vorrang hatte, ist umstritten. Ein Jahr nach der Produktionsaufnahme waren die Verkaufszahlen für den Troll nahezu identisch mit denen des Wiesels – und das in einem Drittel der Zeit, die der Wiesel benötigt hatte. Der Name des letzten Rollers aus Ludwigsfelde hatte übrigens nichts mit den kleinen Waldgeistern zu tun, er war ein Akronym von „Tourenroller". Die Bezeichnung war damals keine Übertreibung, bei einer Höchstgeschwindigkeit von 90 km/h. ∎

AUF EINEN BLICK	
Motor	Einzylinder-Zweitakt, Gebläsekühlung
Hubraum	143 cm³
Leistung	9,5 PS bei 5.500 U/min
Rahmen	geschweißter Stahlblech-Profilrahmen
Federung	vorn und hinten Schwinge mit Federbeinen
Bremsen	vorn und hinten Trommel, 160 mm
Endantrieb	gekapselte Rollenkette
Getriebe	4-Gang-Schaltung
Reifen	vorn und hinten 3.50-12
Tankinhalt	12 Liter
Höchstgeschwindigkeit	90 km/h
Stückzahl	56.513
Preis	2.550 Mark

Hilfsmotoren für die Fahrräder

Der Krieg war vorüber, Deutschland geteilt. Noch war die Grenze durchlässig, so dass die Menschen auf beiden Seiten erlebten, was auf der anderen Seite vorging. So sahen die Menschen in Ostdeutschland, wie Wohlstand und Mobilität im Westen langsam stiegen, während die im Osten gefertigten Fahrzeuge fast ausschließlich an die Sowjetunion geliefert wurden.

Aber es gab auch im Osten innovative Ideen, in Privatbetrieben und in staatlichen Unternehmen. Sie starteten den Bau von Motoren, die an jedes herkömmliche Fahrrad angebaut werden konnten. Denn Fahrräder waren in fast jedem Haushalt vorhanden. Die Idee mit den Hilfsmotoren war zweifellos gut, aber die staatlich vorgegebenen Preise für diese Aggregate lagen in der ersten Hälfte der 50er-Jahre in der Größenordnung von ein bis zwei Monatsgehältern. Engpässe in der Produktion und Materialzuteilung sowie Behördenwillkür gegenüber privaten Unternehmern taten ein Übriges, um den Bestand an Fahrradhilfsmotoren weit unter dem zu halten, den später Roller, Mokicks und Motorräder erreichten.

So blieb die ostdeutsche Bevölkerung untermotorisiert. Eine Änderung der Lebensverhältnisse stellte sich nach dem Aufstand am 17. Juni 1953 ein. Auch wenn die Regierung offiziell nie einräumte, gegen die Bedürfnisse der Menschen regiert zu haben, vollzog sie unter der Hand einen Kurswechsel. Der Industrie verordnete sie den Bau von Fahrzeugen, um die Mobilität der Bevölkerung zu steigern. Das gelang, allerdings in engen Grenzen. Der Bedarf konnte nie gedeckt werden. Die Fahrradhilfsmotoren sind Zeugen jener Nachkriegsepoche, technisch raffiniert bis anspruchsvoll, und in Museen und auf Oldtimertreffen interessante Ausstellungsobjekte.

Blick zwischen Felge und Radnabe: Die Sammlung des Museums in Suhl.

Geniale Idee: Der Reibrollenmotor passte unter jedes Damen- und Herrenfahrrad.

Einfaches Prinzip: Den Reibrollenmotor konnte jeder selbst unter dem Tretlager montieren.

Mit einem Hilfsmotor fürs Fahrrad ließ sich nach dem Krieg die Mobilität am einfachsten steigern. Den ersten Anlauf unternahm Walter Kratsch im Jahr 1947. Der freie Unternehmer scheiterte an Behörden und ausbleibendem Material. Er ging in den Westen und machte sich dort einen Namen. Erfolg in Ostdeutschland, sozusagen von Amts wegen, hatte der VEB Werkzeugfabrik Treptow. Auf der Frühjahrsmesse in Leipzig stellte der Betrieb 1953 den Fahimo (Fahrradhilfsmotor) „Steppke" vor. Der konnte unter dem Tretlager jedes Damen- und Herrenfahrrades von dessen Besitzer(in) selbst angebaut werden. Nur bei Problemen bei dem horizontalen Ausrichten des Motors empfahl der Hersteller,

eine Fachwerkstatt zu fragen. Der Antrieb des Fahrradhinterrades erfolgte durch eine Reibrolle. Zum Starten musste der Fahrer den Roller mit anliegender Reibrolle und ohne Kompression antreten. Nach dem Loslassen des Dekompressionsgriffs („Ausheberhebel") zündete das Gemisch. Mit dem „Vergaserdrehgriff" ließ sich die Geschwindigkeit regulieren, mit dem Kupplungshebel der Anpressdruck der Reibrolle. Gestoppt wurde der Motor durch Ziehen des Aushebers, die Kompression entwich aus dem Zylinder. Doch der Steppke war zu spät auf den Markt gekommen. In Suhl und Zschopau liefen längst richtige Motorräder vom Band. Wer sein Fahrrad aufrüsten wollte, erwarb bei MAW den solideren Antrieb. ■

AUF EINEN BLICK	
Motor	Einzylinder-Zweitakt, luftgekühlt
Hubraum	38,5 cm³
Leistung	0,8 PS
Rahmen	Fahrradrahmen
Federung	keine
Bremsen	Fahrradbremsen
Endantrieb	Reibrolle
Getriebe	1-Gang
Reifen	Fahrradreifen
Tankinhalt	3 l
Höchstgeschwindigkeit	30 km/h
Stückzahl	30.000
Preis	250 Mark

MAW-Fahrrad mit Hilfsmotor
Der verpasste Bedarf

Hilfreich: Der Hilfsmotor von MAW ließ sich relativ einfach an jedem Fahrrad montieren.

AUF EINEN BLICK

Motor	Einzylinder-Zweitakt mit Umkehrspülung, luftgekühlt
Hubraum	49,5 cm³
Leistung	1,3 PS bei 3.200 U/min
Rahmen	Fahrradrahmen
Federung	keine
Bremsen	Fahrradbremsen
Endantrieb	Kette
Getriebe	1-Gang
Reifen	Fahrradreifen
Tankinhalt	2,3 l
Höchstgeschwindigkeit	35 km/h
Stückzahl	170.000
Preis	485 Mark (1955), 285 Mark (ab 1956)

Mit Kratmo und Student war Walter Kratsch gescheitert. Nicht an der Technik, sondern am politischen System. Unter den späteren Versuchen, Fahrräder Ende der 40er- bzw. Anfang der 50er-Jahre zu motorisieren, war der VEB Messgeräte- und Armaturenwerk Karl Marx Magdeburg (MAW) am erfolgreichsten. Aber er brauchte am längsten. Wie beim Steppke konnte der Motor mit Leichtmetallzylinder an jedem Fahrrad montiert werden. Der Anbaumotor des Typs A 5-3 war mit Schellen am linken Rahmenhinterteil befestigt. Die Kraftübertragung erfolgte durch eine Spreizkupplung und eine Kette. Zum Starten empfahl die MAW-Bedienungsanleitung entweder ein ruckartiges Anschieben mit eingelegter Kupplung („… sofort Kupplung

ziehen, wenn der Motor anspringt …") oder das Anfahren mit Pedalkraft und das anschließende langsame Einlegen der Kupplung. Anfällen von Verzweiflung bei gescheiterten Versuchen beugte die Bedienungsanleitung vor: Wenn das Starten nicht auf Anhieb gelinge, schiebe man die Schuld nicht auf den Motor oder den Hersteller, sondern betrachte sich als Fahrschüler. Immerhin wurden noch 170.000 Motoren produziert. Doch die Antriebsart war zu spät auf den Markt gekommen. In den Anfangsjahren der DDR hätte ein noch größerer Bedarf bestanden. Aber inzwischen wurden Mopeds und Motorräder auch an Privatkunden verkauft, einige sogar auf Ratenzahlung. Damit hatte der Fahrradhilfsmotor seine Bedeutung verloren.

Rarität: Exponierte Position in der Sammlung Meiningen für das 60 Jahre alte HMW.

Ein Mofa mit amtlich zugelassenen 60 km/h Spitze. Gibt es nicht?! Gab es doch! In der DDR. Das HMW hat allerdings mehr Ähnlichkeit mit einem Moped der Couleur eines SR als mit einem Fahrrad. Dennoch ist es als Motorfahrrad vom Metall- und Fahrradwerk Hainsberg gebaut und auch so von der Handelsorganisation (HO) vertrieben worden. Es war de facto der Nachbau des vor dem Krieg produzierten Motorfahrrades „National". Das Zweirad sah wie ein Moped aus, weil es komplett angefertigt wurde. Der Motor wurde nicht nachträglich adaptiert, wie beim MAW oder Steppke. Anfangs gab es Lieferschwierigkeiten beim Hersteller des 98-cm³-Motors. Fichtel & Sachs in Reichenbach/Vogtland war in die SAG Awtowelo eingegliedert worden. Sie hatten „Besseres" zu tun als ostdeutsche Betriebe zu beliefern … Die Idee der HMW-Produktion war ähnlich wie beim MAW und Steppke. Der Bevölkerung sollte in jener Zeit eine gewisse motorisierte Mobilität ermöglicht werden. Beim HMW ergaben die Parallelogrammfederung des Vorderrades und die üppig dimensionierte Spiralfeder unter dem Sitz einen gewissen Komfort und die Höchstgeschwindigkeit von 60 km/h einen beachtlichen Aktionsradius. Nachdem die Produktion eingestellt worden war, gab es bis zum Serienanlauf der IWL-Roller und der Simson Schwalbe kein vergleichbares Gefährt.

AUF EINEN BLICK

Motor	Einzylinder-Zweitakt, luftgekühlt
Hubraum	98 cm³
Leistung	2,25 PS bei 3.000 U/min
Rahmen	geschraubter Rohrrahmen
Federung	vorn Parallelogrammfederung
Bremsen	Naben
Endantrieb	Kette
Getriebe	2-Gang
Reifen	vorn und hinten 26-2.25
Tankinhalt	keine Angaben
Höchstgeschwindigkeit	60 km/h
Stückzahl	ca. 1.500
Preis	850 Mark

Der Seitenwagenbau war im Jahr 1925 von Walter Stoye und Hans Mittenzwei in Leipzig gegründet worden. Ihr Kundenkreis vergrößerte sich schnell. Nach Kriegsende lag ihr Betrieb in der sowjetischen Besatzungszone, sie lieferten ihre Beiwagen an die SAG Awtowelo. Der ab 1949 gebaute SM ging in seiner Stromlinienform auf die fast gleich aussehenden Stoye-Luxus-Modelle aus der Vorkriegszeit zurück. Diverse Techniken, u.a. die des Schnellverschlusses, ließ sich der Betrieb patentrechtlich schützen. Neben der AWO wurde der SM bevorzugt mit der BK 350 zu-

sammengespannt. Die war als Seitenwagenmaschine konstruiert. Für den Anbau benötigte man eine Verstärkung der rechten Hinterradfederung und zwei Anschlusskugeln unterhalb des Sattels. Nachdem die AWO nicht mehr gebaut wurde, setzte ausschließlich MZ die Tradition des Baus seitenwagentauglicher Motorräder fort. Allerdings auch nur eingeschränkt, denn die TS war nicht seitenwagentauglich, die ETS wurde erst während der laufenden Serie darauf umgestellt und bei den späteren Modellen waren in der Regel Änderungen am Rahmen erforderlich. ■

Der SM sieht aus wie der frühere Luxus, wurde aber den Nachkriegsmotorrädern angepasst.

Gegenüberliegende Seite: Spitzenleistung: Damals bei der Entwicklung und heute beim Restaurieren.

AUF EINEN BLICK	
Leergewicht	ca. 70 kg
Zul. Gesamtgewicht	170 kg
Länge	2.000 mm
Höhe	1.100 mm (mit Scheibe)
Breite	ca. 1.000 mm
Reifen vorn	3.25-19
Reifen hinten	3.25-19
Reifen seitlich	3.25-19
Höchstgeschwindigkeit	95-100 km/h

Typischer Komfort mit Alu-Sicke: Die traditionelle Stromlinienform der Stoye-Seitenwagen.

AUF EINEN BLICK	
Leergewicht	ca. 75 kg
Zul. Gesamtgewicht	175 kg
Länge	2.000 mm
Höhe	720 mm (ohne Scheibe)
Breite	ca. 1.000 mm
Reifen vorn	3.15-18
Reifen hinten	3.15-18
Reifen seitlich	3.15-18
Höchstgeschwindigkeit	ca. 100 km/h

Der Seitenwagen Elastic zeigt die traditionelle Stromlinienform der Stoye-Seitenwagen aus den 30er-Jahren. In technischer Hinsicht ist er allerdings eine Neuentwicklung aus dem Jahr 1954, ähnlich dem TM und TS. Er war speziell für Motorräder mit Hinterradschwinge konstruiert worden. Der Wiegenrahmen war mit verstellbaren Schnellanschlussstreben gebaut. Die Befestigung erfolgte durch einen konventionellen Dreipunkt-Anschluss. Durch die Verbindung der Seitenwagenschwinge und der Motorradschwinge unterblieben unangenehme Seitenneigungen bei Kurvenfahrten, trotz der komfortabel-weichen Federung. Die Verbindung der beiden Schwingen galt damals als absolute Neuerung in der Seitenwagenentwicklung. Auffällig ist die breite Aluminium-Sicke mit fünf Zierleisten, die sich in Fahrtrichtung über die Frontpartie ziehen. Durch sie verbreiterte sich der Seitenwagen, der Insasse gewann an Bewegungsfreiheit. Im Zubehör gab es Windschutzscheibe, Staubdecke, Haltebügel und Fußrolle. Die „AWO" von Simson und die großen ES-Modelle von MZ konnten ab Werk mit diesen Seitenwagen bezogen werden. Attraktiv war der üppig dimensionierte Kofferraum. ■

MZ ES 250/1 mit Super Elastic-Seitenwagen.

Motorräder mit Seitenwagen waren in der DDR nicht nur beliebt, sie waren regelrecht notwendig. Denn es gab sie ohne die langen Wartezeiten wie bei einem Auto. Eine dreiköpfige Familie konnte mit einem Seitenwagen-Motorrad in den Urlaub fahren. Die MZ ES 250-Baureihe galt wegen ihrer Bauweise und Motorleistung als besonders gut geeignet für den Seitenwagenbetrieb. Als Erbe der BK 350 und „AWO", sozusagen. An der vorderen Schwinge waren zwei Bohrungen vorhanden zur Aufhängung des Vorderrades. Die hintere war für den Solobetrieb, die vordere für den Beiwagenbetrieb vorgesehen. Der Seitenwagenhersteller Stoye war 1961 erst zum Teil, 1972, während der sogenannten zweiten Verstaatli-

chungswelle, vollständig verstaatlicht worden. Stoye wurde MZ zugeschlagen. Von da an wurde der Super Elastic nur noch dem jeweils neuesten MZ-Modell angepasst. Bei dem Seitenwagen Super Elastic ließ sich das gesamte vordere Oberteil nach vorn klappen. Die Bremse des Seitenwagens war mit der Hinterradbremse des Motorrades gekoppelt, durch die einfache Montage des Seitenwagenbremshebels unter dem Fußbremshebel des Motorrades. Drückte der Fahrer den Fußbremshebel nach unten, übte er zugleich Druck auf den Seitenwagenbremshebel aus, der diesen Bremsdruck hydraulisch an das Seitenwagenrad weiterleitete. Die Hinterradschwinge des Motorrades und die Schwinge des Seitenwagens verband ein Torsionsstab. ■

AUF EINEN BLICK	
Endübersetzung	18:45
Leergewicht	ca. 230 kg (mit Motorrad)
Zul. Gesamtgewicht	440 kg (mit Motorrad)
Länge	2.050 mm
Höhe	1.240 (mit Scheibe)
Spurweite	ca. 1.000 mm
Reifen vorn	3.25-16
Reifen hinten	3.50-16
Reifen seitlich	3.50-16
Höchstgeschwindigkeit	ca. 100 km/h

Quellenverzeichnis

Internet

www.iwl-roller.de
www.ostmotorrad.de
www. ddrmoped.de
http://de.wikipedia.org
www.simsons51.de
www.s51.de
www.mza-portal.de
www.mopedfreunde-oldenburg.de
www.mz-und-simson.de
www.simson-info.de.vu
www.garagenbastler.de
www.oldtimer.profi.cc/ausgabe1/index.html
www.mz-baghira.de
www.stoye-seitenwagen.de
www.ost2rad.de

Fotos

Alle Abbildungen stammen vom Autor, außer:
S. 10/11: BMW AG
S. 31: Familie Böhme, Neustadt
S. 36: VEB Motorradwerk, Zschopau
S. 69–73: MZ/MuZ
S. 111 (kleine Abbildung): VEB Simson, Suhl

Literatur

„Typenkompass DDR-Motorräder"
Frank Rönicke, Stuttgart 2007

„Typenkompass MZ"
Andy Schwietzer, Stuttgart 2008

Awe automobile welt eisenach
Die Ausstellung
Verein Automobilbau-Museum Eisenach e.V.
Eisenach 2007

„Meilensteine aus Eisenach"
Michael Stück/Werner Reiche, Stuttgart 2003

„DDR Motorrad-Klassiker"
Andy Schwietzer, Stuttgart 2007

„Simson Schwalbe & Co 1955–1991"
Schrader-Typen-Chronik
Frank Rönicke, Stuttgart 2007

IFA-MZ 1950–1991
Schrader-Typen-Chronik
Frank Rönicke, Stuttgart 2008

„Motorräder aus Zschopau –
Dkw, IFA, MZ"
Peter Kurze/Christian Steiner, Bielefeld 2007

Fahrzeugmuseum Suhl
Joachim Scheibe/Joern Greiser
Fahrzeugmuseum Suhl e.V.
Suhl 2008

Originalkleidung eines
Einfahrers aus dem
Jahre 1950

Epilog: Zur Freundschaft durchs Moped

„Schmeiß den Schrott doch weg!"

Wer nach der Wende an der alten DDR-Technik festhielt, bekam diesen Spruch zu hören. Immer wieder. Und immer dann, wenn er in der offenen Garage, der Hof- oder Grundstückseinfahrt an seinem Zweitakt-Motorrad oder -Moped schraubte. Unterwegs gab es solche Sprüche seltener zu hören, da begegneten sich Gleichgesinnte. Es sollte dauern, bis dieses Gerede verstummte – und durch anerkennend hochgereckte Daumen ersetzt wurde.

Den Hinweis auf den Wert dieser Motorräder und ihre gewiss später aufkommende Renaissance quittierten die meisten Anfang der 90er-Jahre mit einem Blick, der das Gegenteil dessen sagte, was sie aussprachen: „Glaub mal dran …" Die Zweitakt-Technik war innerhalb weniger Monate zum überflüssigen Ballast aus der abgehalfterten DDR-Vergangenheit geworden. Niemand schien sich mehr für die Mühen und Anstrengungen zu interessieren, mit denen die Hersteller und Besitzer diese Technik in der DDR gemeistert hatten.

So erlebten auch in Wulfen (bei Köthen) jene zwölf Männer – heute sind sie zwischen 37 und 73 Jahre alt – die Zeit nach der Wende. Die „alten" Werte galten nichts mehr, zumindest nicht mehr so viel wie früher. Das Gefühl der sozialen Sicherheit und der Gemeinschaft verschwand. Jeder ging seine eigenen Wege. Die Menschen mussten sie gehen, in der neu angebrochenen Zeit. Das war der wirtschaftlichen Existenz geschuldet. Freunde und Bekannte verloren sich aus den Augen. So auch der Freundeskreis der zwölf Männer in Wulfen. In der Rückschau ging von Georg Schaub so etwas wie eine Initialzündung aus, als er sein erstes SR 2 aufbaute. Das Moped war eigentlich schon Schrott gewesen. Der anfangs von dem Wulfener angepeilte Verwendungszweck des restaurierten Mopeds: „Ich wollte damit Kaninchenfutter holen."

Dann begann tatsächlich die Renaissance der inzwischen historischen Technik und die der DDR-Motorräder. Nach Georg Schaub machten sich auch die anderen elf Männer aus Wulfen daran, die ersten Suhler Mopedtypen wieder aufzubauen und fahrbereit zu machen. Der eine half dem anderen. Sie gründeten den Wulfener SR 2 Club. Wenn sie ihre einsitzigen Mopeds angetreten haben, fahren die Ehefrauen mit dem Auto bei Ausfahrten und Besuchen von Oldtimertreffen ihren Männern hinterher. Georg Schaub: „Der alte Freundeskreis, der sich nach der Wende aus den Augen verloren hatte, ist so wieder zusammen gekommen!"

Erinnerung an früher: Eine originale Simson „AWO" 425 Sport. Tröstlich, dass nicht alles vorbei ist: Sie wird vom Zweiradhaus Suhl auf Bestellung nachgebaut.

Dank

Herzlichen Dank allen Fahrerinnen und Fahrern und Besitzern ostdeutscher Motorräder, Mokicks, Mopeds und Mofas, die uns Auskunft gaben über Fahrzeugdaten, Fahreigenschaften und Fahrzeuggeschichten, die mit ihren Zweirädern Portrait standen und fuhren:

MZ GmbH,
Zweiradhaus Suhl,
Fahrzeugmuseum Suhl,
MZ Museum Zschopau,
awe (Eisenach).

Jugendclub Hasselfelde,
Wernigeröder Oldtimerfreunde e.V.,
IG Oldtimerfreunde Badeborn,
Oldtimerfreunde Neustadt,
SR 2 Club Wulfen,
IG für ostdeutsche Fahrzeuge (Benneckenstein/Harz),
Oberlausitzer Kfz Veteranengemeinschaft,
Elbingeröder IG für historische Fahrzeugtechnik.

Max Beyer (Magdeburg), Familie Böhme (Neustadt/Sachsen), Gerd Ludwig (Elbingerode), Bernd Gellert (Wernigerode), Familie Kreutz (Trautenstein), Christian Feuerstack (Osterwieck), Siegfried und Andreas Hertrampf (Berthelsdorf/Oberlausitz), Christine Becker (Wernigerode), Uwe Steding (Silstedt), Martin Zimmermann (Wernigerode), Peter Kulp (Elbingerode), Gerhard Porth (Badeborn), Herbert Schmidt (Wernigerode), Jörg Feseke (Wernigerode), Andreas Weinhold (Magdeburg), Sebastian Köhler (Blankenburg), Michael Biethan (Schlanstedt), Annett Kroon (Ludwigsfelde), Frank Barsties (Ludwigsfelde), Dieter Ruderisch (Wichtshausen), Georg Schaub (Wulfen).

Und meiner damaligen Freundin und Motorradfahrerin Mariette, die meinen Erwerb des Motorradführerscheins zur Voraussetzung für eine dauerhafte Beziehung machte. Wir sind seit 25 Jahren verheiratet.

DDR-Historie

ISBN 978-3-7654-7692-1

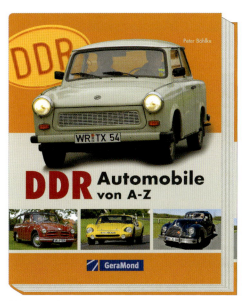

ISBN 978-3-7654-7789-8

ISBN 978-3-7654-7082-0

ISBN 978-3-7654-7094-3

Das komplette Programm unter www.geramond.de

Die ganze Fahrzeug-Welt

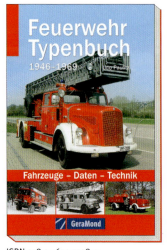
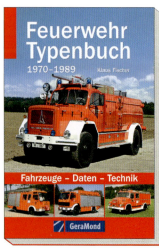

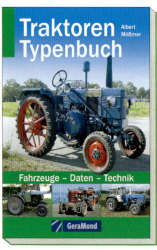
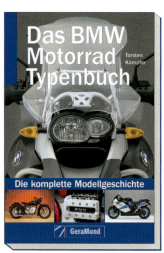

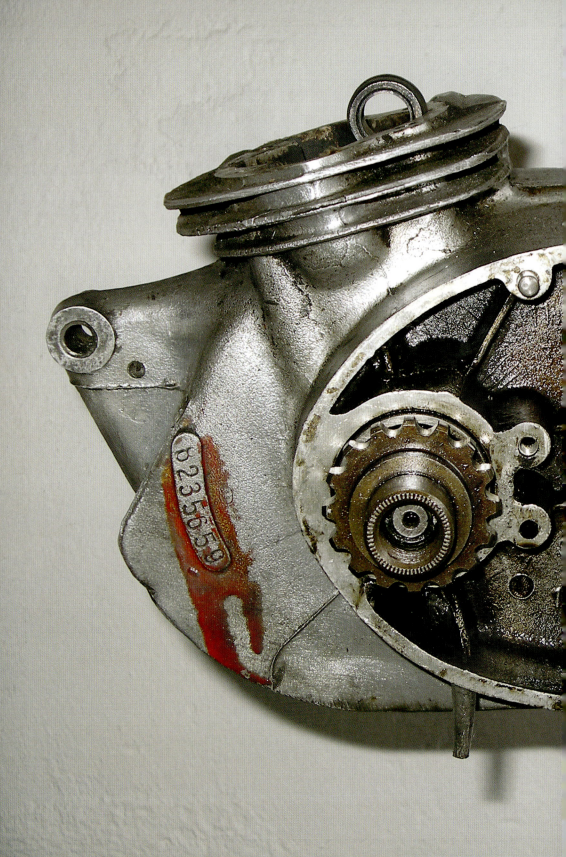